现代家庭教育理论与方法丛书

教育部人文社会科学研究规划基金项目"阿德勒家庭教育理论及
（项目批准号：21YJA880028）

做智慧型父母

李兴洲　王慧婷　孟冬梅 ◎ 著

北京师范大学出版集团
BEIJING NORMAL UNIVERSITY PUBLISHING GROUP
北京师范大学出版社

总　序

近年来，国家对家庭教育非常重视，出台了一系列积极的政策和措施。《中华人民共和国家庭教育促进法》的正式实施，明确了家庭教育的责任。《关于进一步减轻义务教育阶段学生作业负担和校外培训负担的意见》的出台和落地执行，让家长在孩子成长过程中的作用日益凸显。《关于指导推进家庭教育的五年规划（2021—2025 年）》进一步指导、推进了家庭教育的高质量发展。

北京师范大学教育培训中心作为教师培训的主要阵地之一，在协助学校推动家庭教育的普及和宣传上有着不可推卸的重要责任和义务。我们在研究了大量学术成果后，发现阿德勒的家庭教育思想对现代家庭教育有着非常重要的指导作用。阿德勒是奥地利著名的心理学家，他的个体心理学对家庭教育产生了深远的影响。他强调早期家庭教育的重要性，倡导理解和尊重孩子的个性。同时，阿德勒非常重视家庭和学校、家长和教师在儿童教育方面的互补与合作。为了方便广大教师和家长系统学习阿德勒的观点和理念，本丛书试图对阿德勒家庭教育理论进行系统梳理，并结合家庭教育的实际应用案例进行阐述，以期为教师和家长提供一套可读性强、深入浅出的读物。

本套丛书也是北京师范大学李兴洲教授主持的教育部人文社会科学研

究规划基金项目"阿德勒家庭教育理论及应用模式研究"（项目批准号：21YJA880028）课题的研究成果，主要从家庭教育原理、家庭教育心理学和家庭教育方法论三个不同方面梳理阿德勒家庭教育的理念与实践，以期为深入践行习近平总书记关于注重家庭家教家风建设的重要论述精神，加强家庭教育内涵建设，完善家校共育实践模式贡献绵薄之力。

在丛书编写过程中，许多专家学者和同行以其深厚的学术造诣和丰富的实践经验，为丛书的撰写提供了宝贵的指导和建议，更以无私的奉献精神和开放的合作态度，为我们搭建了一个交流与学习的平台；同时，许多研究者的研究成果也为丛书的编写提供了有益的参考和启发，对此一并深表谢意！

我们深知，家庭教育任重而道远，需要我们不断探索和实践。我们将以更加饱满的热情和更加扎实的步伐，继续在家庭教育的研究与实践中前行，为推动我国家庭教育事业的发展贡献自己的力量。

北京师范大学教育培训中心丛书编委会

2024 年 9 月 6 日

　　教育是一个整体性的系统工程，家庭教育、学校教育和社会教育共同构成了国民教育体系三大支柱。捷克教育家夸美纽斯在他的著作《大教学论》中指出"只有教育好家长，才能更好地教育孩子"。家庭教育作为教育的起点和基石，有着对人的发展最为直接也最为持久的影响力，在促进人走向社会的过程中具有学校教育和社会教育不可替代的作用，在国家发展、民族进步、社会和谐、家庭幸福等方面发挥着重要作用。

　　家庭教育是家长或者其他监护人对孩子的行为习惯、身体素质、道德修养、价值观念等方面培育与影响的一种教育方式，对于促进青少年的全面、健康发展具有重要意义。随着我国教育事业的快速发展，家庭教育也开始逐渐得到社会的关注。20世纪80年代，许多学者和有识之士开始关注和研究家庭教育，推动着我国家庭教育不断发展，家庭教育的学科地位逐步上升，许多研究成果为家庭教育提供了更加科学的理论指导，推动家庭教育逐渐走向专业化，也为我国家庭教育相关政策的制定和推行提供了许多合理化的建议，提升了政策方案的可行性与有效性。

　　家庭教育政策作为我国家庭教育工作发展的指向标，对于规划与指导家庭教育事业的发展发挥了重要作用。中华人民共和国成立以来，我国家庭教育政策经历了初步探索、改革发展与全面深化三个阶段，形成了自身独特的发展体系，推动家庭教育事业的迅速发展。党的十八大以来，在以习近平同志为核心的党中央领导下，中国特色社会主义教育事业改革进入新时代，家庭教育也在新时代的全新样态中迎来了新的发展契机。在这一时代背景下，家庭教育政策不断优化、完善和持续改革，迈入全面深化时期。2012年，在教育部和全国妇联的组织下，全国家庭教育工作会议在北京召开。会议指出："有关部门和家庭教育工作者必须意识到家庭教育的重大意义，以科学发展观为指导，坚持以人为本，将社会主义核心价值观融入家庭教育中，为孩子的自然发展、全面发展做出新贡献。"2015年，习近平总书记指出："家庭是社会的基本细胞，是人生的第一所学校。"教育部印发的《关于加强家庭教育工作的指导意见》对学校、家长以及社会在家庭教育中的职责做了详细的规划与说明，指出家庭教育并不只是教会一个家庭如何教育孩子的问题，全社会都应该形成科学的家庭教育观。2016年，习近平总书记在会见第一届全国文明家庭代表时指出："广大家庭要重言传、重身教，教知识、育品德，身体力行、耳濡目染，帮助孩子扣好人生的第一粒扣子，迈好人生的第一个台阶。"2018年在全国教育大会上，习近平总书记从"四个第一"角度阐述新时代家庭教育，并指出"教育、妇联等部门要统筹协调社会资源支持服务家庭教育"，凸显了新时代家庭教育的重要性和战略性。2019年，党的十九届四中全会从国家治理体系现代化的高度明确提出构建覆盖城乡的家庭教育指导服务体系。2020年，党的十九届五中全会强调加快教育改革，将"健全家庭学校协同育人机制"纳入国家"十四五"发展规划和2035年现代化发展远景目标。在以习近平同志为核心的党中央领导下，在相关会议有力助推下，我国的家庭教育地位获得显著提升，战略地位愈发突出。2021年7月，中共中央、国务院发布的《关于优化生育政策促进人口长期均衡发展的决定》，进一步优化了我国的生育政策，"三孩时代"的到来使得提升我国家庭教育质量这一任务变得更加刻不容缓。同年10月，第十三届全国人民代表大会常务委员会第三十一次会议通过的《中华人民共和国家庭教育促进法》，以促进法的形式确立了家庭教育在我国教育体系中的法律地位，家庭教育由"家事"上升为"国事"，在法律层面明确了父母或者其他监护人应当承担对未成年人实施家庭教育的主体责任，并对各级政府、教育行政部门、妇女儿童工作机构、政法系统、群团组织和社会教育机构的职责进行了明确划分，要求"各级人民政府指导家庭教育工作，建立健全家庭学校社会协同育人机制"。家庭教育立法是推进教育治理体系和治理能力现代化建设的重要内容，同时也是我国落实全面依法治国的重要保障。近年来，在二孩、三孩政策的全面放开、素质教育改革的不断推进、学生心理健康问题形势严峻等现实因素影响背景下，家庭教育立法的政策窗口被推开，政策关注度不断提高。劳凯声（2021）认为推进家庭教育立法，有利于健全中国特色社会主义教育法律体系，明确家庭教育责任，规范家庭教育行为，优化配置家庭教育资源。2022年1月，《中华人民共和国家庭教育促进法》正式施行，各地政府依据法律纷纷开展具有地方特色的家庭教育工作。2023年1月，教育部等十三部门联合发布了《关于健全学校家庭社会协同育人机制的意见》，进一步对校家社协同育人的职责分工作了明确指引。这些政策为各级政府部门家庭教育工作高质量发展指明了发展方向和努力的目标。

随着经济社会的发展，家长的家庭教育观念和行为整体状况趋好，但家庭教育出现了很多新情况和新问题，部分家长自身家庭教育素养的实际自我提升欠缺，以致教育信心不足，过分依赖学校教育，将孩子成长的希望寄托于教师。全国妇联家庭教育状况调查显示，50％的家长不知道用什么方法教育孩子；多数父母存在不同程度的养育焦虑和"重智轻德、重知轻能、重养轻教"的现象；很多家长过度娇惯、放任，青少年违法犯罪案件呈上升趋势，且向低龄化发展。与此同时，家庭经济结构和人口结构的变化改变了家庭教育的模式。城市中双职工逐渐成为常态，对子女教育介入时间相对减少，祖辈更多地参与家庭教育，三代人观念冲突日渐增长。此外，家庭结构也在不断变化中，单亲家庭、留守家庭、二孩家庭甚至多孩家庭的数量不断增加，这些变化也给当前我国的家庭教育领域带来了诸多挑战。

一是家庭教育观念显现出较强功利性及重智轻德倾向。家庭教育作为一种特殊的社会活动，受到特定历史时期政治、经济、文化特别是教育制度的影响，具有鲜明的时代性。我国长期存在教育资源配置结构性失衡和偏重教育选拔功能的倾向，学校过于注重应试教育和人才筛选，并将压力直接传递给家长，导致家长更重视孩子的学业成绩和竞争能力，而忽视了孩子的全面发展，把教育的投入与未来可得利益的比值作为衡量家庭教育成功与否的主要标尺，甚至是唯一标尺。一些家长偏听偏信了"不能让孩子输在起跑线上""一切为了孩子""为了孩子的一切"等社会宣传，在孩子教育问题上存在着急功近利、盲目跟风等心理，把家庭教育视为一种纯粹的"学前教育"或"学后教育"，使得家庭教育简单地依附和服务于学校教育。在这些家长心目中，孩子的中心任务就是学习，良好的家庭教育就是让孩子多学习、学习好。家庭生活中就是要以孩子学习为中心，给孩子多买书、多报班、报好班，让孩子不干或少干家务，不占用孩子看书、学习的时间，尽可能为孩子提供舒适温馨的学习环境和优越的生活条件。这样的教育观念对家庭教育产生了巨大的负面影响，家庭气氛压抑紧张，亲子冲突加剧，未成年人心理健康和身体素质问题频发。此外，我国家庭教育的总体风气也产生了重学习成绩、轻学习过程，重知识教育、轻素质教育，重技能教育、轻思想教育等偏颇，背离了家庭教育的首要职责是培养健全的人格和良好的道德品质的初衷。长此以往，家庭教育的真正内核将被忽视，维系家庭的共同前提和最基本的理念将会消失。

二是父母或责任转移、或急于求成直接照搬他人经验等"教育不在场"现象日益明显。有些家长没有肩负起教育孩子的责任，信奉"骡子成不了马""树大自然直"，认为"好孩子不是教育出来的"，他们通常对孩子的成长成才持顺其自然、放任不管的态度。这些家长普遍存在着家庭教育的主体角色不清楚，责任意识不强，对未成年人子女的教育不上心、不用心、不尽心等问题。在现实生活中，这些家庭往往不是父母共同承担教育孩子的任务，而是由父亲或母亲一方承担或由祖辈代为负责，父母双方很少全都倾心尽力，不重视在生活细节中观察孩子的心理变化，疏于发现孩子身上存在的问题，不能够潜移默化、随时随地对孩子进行正面教育和积极引导。此外，有些家长不能正确看待孩子是"发展的人、独特的人、独立的人"。中国科学院曾做过一个问卷调查，结果表明家长对孩子学习的关注占了70%多，但很多家长并不了解孩子喜欢什么、了解什么。他们关注孩子的成长却不了解孩子，在家庭教育方面存在跟风现象。甚至一些父母在望子成龙、望女成凤的强烈愿望驱使下，从小就让孩子学这学那，不从孩子的年龄特征出发，不顾孩子实际的心理发展水平和实际能力，任意加重孩子的学习负担和心理负担，急功近利、拔苗助长，而忽略了孩子的成长过程。

三是家庭教育存在着学校化倾向。家长与教师互动不良会造成家校合作失衡，一些家长认为父母的责任就是为孩子的生活及健康成长创造良好的物质条件，加之自己缺少教育孩子的知识、经验和能力，就把与孩子成长有关的全部教育都打包推给了学校，一味夸大和泛化学校教育的功能，减少和弱化自己作为家长的教育责任。尽管学校教育对儿童各方面的发展都有重要影响，但家庭是影响一个人发展的最初因素，是学生发展的本体资源。家庭教育和学校教育两者互相重合，交叉作用，共同形成教育合力，但不能相互取代。家庭教育更应发挥对儿童影响的初始性、完整性作用，而不是一味成为学校教育的延伸。尽管家庭教育和学校教育各有其相对独立性，却不是两张皮。父母能够积极参与学校教育，对孩子能接受好的教育自然是至关重要的。

四是家长的教育焦虑。教育子女是父母的天然权利，但却不是天赋能力。根据"工作要求—资源模型"理论，若对家长的期待和要求过高而其施教能力不足，就会导致家庭教育角色超载，而角色超载将意味着家长要在超负荷工作中不断作出努力。长此以往，家长在教育子女时易产生无力感、焦虑感和倦怠感等负面情绪。当今社会对教育的期待是全员、全程、全方位育人，这需要政府、学校、社会与家庭之间通力合作。但政府促进未成年人发展的支持机制尚有待健全，学校迫于竞争压力而过度重视学业表现，加之过去一段时间资本在教育领域的无序扩张，最终导致家庭教育的成本严重溢出。从认知心理学的角度看，过度的教育压力以及有限的教育资源容易使家长产生严重的焦虑，而严重焦虑的家长有更大的概率对孩子采取过度保护或过度拒绝等极端的教育方式。当前家长的教育焦虑主要来自对子女教育结果的担心。中国社会历来推崇"鲤鱼跃龙门"，人们普遍将教育视作将来成功的关键因素。在市场竞争日趋激烈、就业门槛不断提高的今天，人们便把希望寄托于教育，致使对教育失败的恐惧陡增，进一步加重了家长负担，导致家长角色超载。

五是家长的教育素质能力参差不齐。决定父母教育孩子取得良好成果的，并不是父母的高学历、高职位、高收入，而是其是否具有较高的教育素质、能力，即教育理念、知识和教育方式。现实中，遭遇成长危机的学生往往与错误的家庭教育密切相关。由于家长普遍缺乏科学系统的家庭教育知识和行之有效的教育方法，导致许多家庭的家庭教育效果不佳、不尽如人意，有的甚至产生适得其反的效果。实际上，家庭教育不是家长学几门课、看点书、在网上查点资料就可以了，它是家庭建设的问题，涉及家庭整个文化(包括家规、家风、家庭成员关系、整个家庭和孩子之间共同生活的生态环境等)建构,这个建构是非常重要的。《中华人民共和国未成年人保护法》第十五条规定:"未成年人的父母或者其他监护人应当学习家庭教育知识,接受家庭教育指导,创造良好、和睦、文明的家庭环境。共同生活的其他成年家庭成员应当协助未成年人的父母或者其他监护人抚养、教育和保护未成年人。"但由于尚缺乏政府的有效参与,社会在家庭教育指导和服务方面发挥作用十分有限,家长普遍缺乏科学系统的家庭教育知识和行之有效的方法,使得大部分家庭的家庭教育基本上处于自发和无知、无序的状态。

六是父母的不同角色期待导致的父职缺失而母职密集。传统上"男主外,女主内"的社会认同仍然存在,一些父母为了更好地照顾孩子,成为全职父亲或者全职母亲。家庭面临的经济压力,使得父母中的一方特别是父亲赚钱养家的责任与需求更加迫切,因此全职照料孩子的角色往往由女性承担,而男性则"主外"负责赚钱养家,表面上"男主外,女主内"分工得当,实际上却也引发了女性职场危机,家庭教育中父职缺位、母职密集等问题。一项调查显示,相比日常陪伴,父亲更多在孩子犯错时管教和惩戒孩子,与孩子的情感互动要少得多,约五分之一的父亲很少拥抱、亲吻孩子,超过三成的父亲不会向孩子表达"我爱你"。父亲的教育在场表现出"远其子"、柔性不足等特点。母职密集则是指母亲通常被认为是照顾孩子的最佳人选,以孩子身心利益最大化为己任,全心全意照顾孩子甚至不惜放弃自身发展需要。母职密集带来的一个重要问题就是产生"母亲关门行为",由于父亲与母亲育儿观念不同,部分母亲排斥父亲的教育参与,某种程度上为"丧偶式养育"推波助澜。然而,这一消极行为会同时对父亲与孩子、母亲与孩子的关系造成消极影响。

家庭教育不是能者居之,而是关联到社会方方面面的系统工程,需要全社会协作配合，形成合力，共同推进家庭教育各项工作顺利开展。

一是要充分发挥政府对家庭教育的政策导向作用。政府有关部门应做好顶层设计，及时根据现实问题制定有关法规政策，为家庭教育提供方向指导。《中华人民共和国家庭教育促进法》发布后，落实是关键。政府相关部门要积极组织力量，面向社会开展家庭教育指导服务，对《中华人民共和国家庭教育促进法》规定的家庭教育实施、促进、干预与法律责任等，加强宣传、培训、考核、监管，指导家庭教育理论研究，规范家庭教育服务，提高家庭教育科学性、针对性和实效性，促进家庭教育事业全面发展、高水平发展。

二是要充分发挥家长在家庭教育中的主体作用。首先，要传承家风凝练家训，立德立言教育后人。《辞海》对"家风"的释义是"家风，犹门风。指一家的传统作风、风尚"。"家训"是"教导子孙为人处世的道理"。家风家训是中国优秀传统文化和家庭伦理道德的重要体现。良好的家风正是社会主义核心价值观在现实生活中的直观体现。家长要在学、思、悟、行的过程中，结合自己家庭与家族的发展史、奋斗史，凝练生成独特的家风家训，时刻警示子女为人处世，让孩子在获得物质与经济支持的同时，获得源源不断的精神滋养。其次，要调整过高的教育期望，优化教育生态系统。"教育期望"是指学生或其家庭监护人对其未来获得最高教育水平的预期愿望。家庭的教育期望受到主客观多方面因素的影响，主要包括经济基础、家庭文化资本、学校资源环境、家庭的人口结构变化等社会因素，以及个体心理特征、个性差异、人际互动等个体因素，家庭教育期望应趋于适度和分化。家长应以学生全面发展为目标，依据现实社会需求和学生个性特点等内外因素，以个性化和多元化价值标准为导向，提出合理可行的教育期望，缓解家长自身的焦虑情绪，助力子女健康成长。再次，要平衡家庭关系，建设和谐家庭。家庭关系是以婚姻和血缘为纽带的家庭成员之间的联结方式和互助方式，和谐的家庭关系是儿童和社会联结的基础。夫妻之间围绕共同的教育目标，明确各自角色定位，既有分工又有合作，实现优势互补，共同完成对子女的教育活动。此外，必须要重视子女对家庭的反哺作用，让孩子感受到自己对家庭的作用和贡献，培养家庭责任感，主动参与家庭建设，获得健康成长。最后，要提升家长的教育能力，促进家庭教育科学化。家庭教育中家长作为教育者，必须具备一定的教育能力。家长需要树立终身学习理念，修心修德，不断自我发展、自我完善，还要掌握相关心理学和教育学的知识，理解和掌握儿童身心发展规律、家庭教养方式的类型与利弊及家庭教育的基本原则与具体方法。

三是要高度重视学校在家庭教育指导服务体系中的主导作用。首先，要进一步明确学校职责，找准学校优势，发挥好学校在家庭教育指导服务体系建设中的主导地位。一方面，学校需充分认识到学校教育的持续健康发展离不开家庭教育的有力支撑，学校开展家庭教育指导服务既是满足广大学生家长的需要，更是满足学校自身发展、推动家校共育的需要。目前，家校合作已上升为现代学校制度的组成部分，成为现代学校体系的制度性标准。学校及教师必须形成"大教育"理念，在新时代主动承担起开展家庭教育指导服务、帮助提升家长家庭教育能力的重要职责。尤其是在"双减"背景下，家庭教育的责任显著提升，这就需要学校发挥好教育的主阵地作用，开展更加有效的家校合作，做好家庭教育指导服务工作，提高家长的家庭教育水平。另一方面，从家庭教育指导服务体系总体建设来看，学校应充分利用其教育优势，积极开展家庭教育指导服务工作。学校是提供专门知识教育的场所，学校的规范性和专业性使其在开展家庭教育指导服务工作上具有一定的家长心理优势，更易赢得家长和社会大众的认可与信任。此外，学校覆盖面广、人力和物质资源丰富、由教育行政部门统筹管理，在实现区域间家庭教育均衡发展、公平实施上具有明显优势。

其次，要进一步强化"家本化关怀"，开展真正满足家长需求的家庭教育指导服务。学校是家长希望接受家庭教育指导服务的最主要的渠道，学校也已基本建立了家庭教育指导的体系，但家长的需要并没有得到充分满足，原因何在？一方面，学校家庭教育指导可能存在"形式化"倾向，学校"完成任务"式地开展相关活动，没有真正在行动上融入学校教学管理常规；另一方面，学校没能真正把家长当成教育的"合伙人"，缺乏"家本化关怀"的视角，常以家长工作忙、难以安排接受家庭教育指导服务的时间等为借口，应付家庭教育活动的开展。这就要求学校提高家庭教育指导服务的灵活性，创新家庭教育指导模式，保证家长接受家庭教育指导的便捷性。学校在开展家长会、家访、举办专家讲座等传统家庭教育指导服务活动时，需注意时间安排，尽量选择非工作时间并控制时长。学校也可以探索新型家庭教育指导服务形式，借助线上平台，采取"互联网＋家庭教育"的方式。此外，在学校开展家庭教育的服务内容设计方面，多为自行安排，对家长需求的了解有所欠缺，家长也普遍认为指导内容的实用性和针对性需要提升。这就要求学校定期开展调研，充分了解家长的家庭教育需求，组织和规划常规化家庭教育指导服务活动，也可以针对具有特殊需求的家长，开展家长互助小组等活动来提供个性化支持。再次，要系统研究学校家庭教育指导服务的能力模型，通过多样化的培训提升指导服务队伍的专业水平，提高学校家庭教育指导服务的精准性、科学性。如何实现学校的"主导"角色并落实好在此角色下的各项任务是当前学校家庭教育指导服务的主要议题。作为家庭教育指导的主力军，专业化的师资队伍是学校家庭教育指导服务各项任务顺利完成的根本保障，教师在开展相关工作时所具备的核心能力至关重要。因此需系统性、整体性地对学校教师家庭教育指导服务能力模型进行研究，厘清教师家庭教育指导服务能力的构成要素，以更好地为开展教师培训、评价和考核提供理论依据。教师的家庭教育指

做智慧型父母

导服务能力不是自然生成的，也不是一蹴而就的结果，是要通过形式多样、有针对性的培训和实践而不断获取和提升的。尤其是职前教育中，师范院校开设的课程中很少有家庭教育相关的课程，因此更需要在职后阶段注重加强对学校教师，尤其是学校领导干部、班主任教师、心理健康教师等主要家庭教育指导教师及学校管理者的长期培训。在培训方式上，可以通过定期开展线下培训或讲座、线上课程或网络研修、专题研讨、校本培训课程、工作坊等方式，帮助其掌握相关的基本知识和能力；在培训内容上，可以对应家庭教育指导服务能力模型中的具体指标有针对性地进行选择，尤其需要重点提升教师指导家长开展心理健康教育的能力及对特殊家庭、特殊儿童的家庭教育指导服务能力。最后，要提高学校的资源整合能力，密切校社配合，协同促进学校家庭教育指导服务体系。发展学校家庭教育指导服务在我国处于起步阶段，面对家长多元化的家庭教育指导服务需求，加之家庭教育指导服务工作本身具有较强专业性，许多工作仅依靠学校教师队伍和内部资源在短时间内较难实现有所为。因此，学校需要拓宽思路，学会借力，用好社会力量，统筹各方资源和支持。一方面，要整合妇联等社会组织长期以来建立的家庭教育指导服务资源，与所在地区的家庭教育指导中心、所在社区的家长学校建立有效合作机制。在家庭教育指导的诸多方面，社区具有学校所不具有的优势，两者密切合作，可以实现优势互补。另一方面，整合社会专业组织和专业机构的力量，通过购买服务、开展合作研究等方式为家长提供指导，保障家庭教育指导服务的质量，拓宽家庭教育指导服务类型。家庭教育指导服务的内容多样且需根据时代发展不断调整和创新，同时面向的对象结构复杂，对指导人员专业性要求高，仅凭借学校自身力量难以满足家庭需求，必须调动更多社会专业力量才能提供更好更全面的指导服务。

　　针对上述我国家庭教育开展背景和现状，本着为广大家长提供家庭教育理论指导和实践参考的目的，我们编写了《做智慧型父母》一书。这是一本关于家庭教育的指南，旨在帮助父母培养孩子的积极心态和社会意识，并在此过程中实现自我成长。本书以阿德勒创立的个体心理学理论为基础，深入探讨了家庭教育中的目标、内容和着力点，并提供了一系列实际案例和实用建议，以期帮助家长更好地理解和应用这一理论，构建一种积极、平衡和健康的家庭教育方式，开展科学的家庭教育，成为智慧型父母。

阿德勒家庭教育理论是由其个体心理学理论发展而来的。他认为人的行为是为了满足自身的需求和追求个人目标，而家庭是个人发展和学习的重要环境。家庭教育应当着重培养孩子的社会意识和社会责任感。在家庭中，父母可以通过为孩子提供正面的激励和支持，让他们感受到作为社会成员的重要性，并鼓励他们参与家庭的事务，从而促进孩子的自信心和社会能力的发展。借助于父母的指导，孩子们将学会如何在家庭和社会中合理表达自己的需求，并找到满足这些需求的途径，最终发现并追求有益的优越目标，激发自身的积极性，形成创造性自我。

在阿德勒家庭教育理论中，平等和尊重是教育的基础。父母要将孩子视为平等的伙伴，而不是服从的对象，学会积极倾听和理解孩子的需求，并与他们合作寻找解决问题的方法。通过平等的对话和合作而建立起的亲子关系，将有助于孩子自我意识和自主能力的可持续发展。同时，鼓励与激励被视为教育的关键，通过鼓励和激励，父母可以帮助孩子树立积极的人生态度，并激发他们的潜能。父母需要关注孩子的进步而不是结果，通过赞扬和肯定来增强孩子的自信心和动力。

在写作过程中，我们以阿德勒家庭教育理论的基本原理和核心概念为基础，从孩子身心发展的角度出发，探讨了家庭教育的重要性以及家庭教育的目标、内容和着力点；从生命意义的找寻、自卑感与补偿、优越感的追寻、社会情感的发展、创造性自我的培养等五个方面深入讨论了家庭教育的主要内容，并基于阿德勒的家庭教育理论提出家庭教育的关键策略和方法，通过案例分析和实用建议，引导家长掌握帮助孩子正确阐释生命意义、以勇气超越自卑、合理追求卓越、建构社会情感、实现创造性自我等策略和方法。

我们期望该书的出版能够帮助家长更好地倾听孩子、解读孩子，以提升自身家庭教育素养为己任，掌握科学的家庭教育方法，形成科学的家庭教育观念，建立和谐的家庭关系，从而为孩子全面而健康的成长创设积极的条件，帮助孩子发展"完满的人格"，达成"止于至善"的终极目标。

李兴洲

2024 年 8 月 12 日

目 录

第一章　学会教育孩子

教育孩子是父母的天职，家长是孩子的第一任老师。孩子来到这个世界上，不仅需要父母为其提供吃、穿、住等物质生活条件，更需要家长为其提供人生发展路径、发展方向的引导和帮助。这就必然要求每一个家长都要学习教育孩子的知识、技能和经验 。然而，对于后者而言，并不是每一位家长都能够做到、做好的。因此，学习科学的育儿知识，掌握科学的家庭教育方法与技能，养成良好的家庭教育习惯，是每一位家长义不容辞的责任和义务。

第一节　孩子需要教育和引导

每一个生命个体来到人世间，必然会受到周围环境的影响。在诸多环境影响中，教育和引导是最重要的影响因素，可以说，每一个人的健康成长与发展都离不开良好的教育和帮助。在生命的最初几年，婴幼儿主要接触的是家庭环境，即使在经历青少年、成年发展阶段而进入社会后，家庭始终是每一个人的避风港湾和精神寄托。因此，家庭教育是影响一个人生命发展的奠基工程。

一、孩子成长离不开家长教育

阿德勒的个体心理学是一种积极心理学，被誉为强者的心理学。他不赞同个体只能被动消极地承受其原生家庭、童年不幸带来的阴影，而是主张培养孩子的勇气，教会他们直面并解决问题。因此，他一再强调家长作为教育者的重要性。家庭是儿童身心健康发展的摇篮，家庭教育在孩子全面发展的过程中起着基础性作用。从一定意义上说，家庭教育决定了家庭环境，"孟母三迁"的故事正说明了古人对家庭教育环境的高度重视。阿德勒指出，儿童是不成熟的，孩子早期的处境可以被视为对其性格发展的一种磨炼和锻造。那么家长如何指导儿童成长就显得极为重要。

个体在塑造自身时，其统一性、独特生活风格、对生命意义的阐释与追逐，"不是基于客观现实，而是基于个体对生活的主观认识"。① 虽然所有人生活在同一世界之中，但是由一个客观事实，可能产生千万种对于事物的主观想法，由此个体通过不同的方式来塑造自身，这里的不同方式或许是正确的，或许是错误的。如果不对个体进行干预（教育）的话，就会产生偏差。按照这个逻辑，孩子的行为不单是对客观的反应，而且要受制于他对自己早期经验的理解，值得注意的是，孩子看问题的方式与成人不同，他们倾向于把世界划分为非黑即白的两部分，摆脱这种认知方式是非常困难的。而一旦孩子出现错误的理解，就会导致他出现错误的行为。如果孩子童年时期的一些心理问题没有得到及时解决，将会影响其后续生活中的诸多事情，因此，家长矫正孩子在早期形成的错误看法是必要的。个体的成长主要受童年，特别是出生后四五年的影响。这段时间，正是父母作为养育者的身份主要活跃的阶段之一。因此，父母必须学会如何正确引

---

① ［奥］阿尔弗雷德·阿德勒. 儿童的人格教育［M］. 张庆宗，译. 上海：华东师范大学出版社，2017：5.

导孩子、如何科学教育孩子。

二、家庭与学校教育功能的差异与联系

家庭是儿童成长的初始环境，家庭教育是儿童教育的基石，影响孩子日后参与社会生活的程度，也就是说，家庭环境给予了孩子关于群体生活的最初印象。儿童出现问题的根源往往可以追溯到其家庭环境，家庭中的父母关系、母子关系、父子关系、同胞关系等构成了儿童人际关系形成的基础。从个体心理学的观点来看，父母错误的教养方式导致了问题儿童的出现。在家庭教育当中，宽容、民主、平等的家庭关系是家庭教育的天然良方。但是，父亲或母亲不管是哪一方出现了"一亲独大"的情况，都容易导致孩子形成错误的生活风格。

阿德勒在《儿童的人格教育》里提到了对学校教育的思考，学校是按照时代的社会理想来教育和塑造学生的。首先，由于家长普遍缺乏帮助孩子做好准备入学的相关知识，所以学校应该弥补儿童在家庭早期培养过程中缺乏的这种准备。其次，理想的学校不仅仅是一个学习书本知识的地方，也是教授生活和艺术的地方，它在家庭和现实世界之间建立了一个桥梁。最后，学校可以作为分析家庭教育弊端的指示器，将家庭教育潜在的问题凸显出来。

同时，阿德勒也提示我们，不能将儿童的教育只寄希望于这类理想学校的出现，以此来弥补家庭教育的不足，也要看到父母在教育孩子中的失败和弊端。如果父母没有教育好，孩子会感到孤单，容易被别人视为孤僻、异类，很难融入学校，由此会引发校园欺凌及类似事件的出现。随着时间的推移，这种孤独感会越来越强烈，最终使孩子成为问题儿童。在人际交往上受到挫败的孩子通常会另辟蹊径，寻找一条不受社会认可的捷径以获得优越感，事实上这反而表现了他们内在的懦弱，只会尝试去做一些

自己确定有把握成功的事情，以此来炫耀自己的优越感，而丧失直面问题、克服困难的勇气。父母对新的教育观念没有学校教师敏感，家长特别是不懂教育的家长在儿童教育的过程中，应与教师进行有效的合作。在儿童接受教育的整个过程中，家长自身的成长和学习具有重要的价值。

第二节　对儿童的教育需要家长的正确认知

在孩子的眼里，家长似乎无所不知、无所不能。在家长的传统观念中，孩子就应该按照家长的意愿成长和发展。家长自认为最了解孩子，于是就对孩子颐指气使，进而"教育引导"。然而，现实却不应如此，不少家长因为某些不恰当的教育和引导，往往造成不少悲剧甚至惨剧。究其原因，是因为家长其实并不真正了解自己的孩子。许多家长缺乏对儿童的正确认知，常常把自己的意愿强加给孩子，或者把自己的期望寄托在孩子身上，无形中给孩子带来巨大的压力，久而久之就会事与愿违。

一、家长缺乏对儿童正确认知的原因

(一)被教育焦虑裹挟的家长

目前孩子的教育问题已成为家庭生活的重要内容，这也反映出社会进步的一面。可以说几乎所有文明国家的家庭都对儿童成长问题倾注了大量的心血，如何教育和培养孩子、如何提高他们的综合素质和能力，成为每个家庭，甚至是社会至关重要的事情。但是，当前我国家庭教育现状仍然不容乐观，特别是随着社会的日益发展，单亲家庭、重组家庭、隔代家庭以及留守家庭的不断增加，家庭结构和家庭关系一直在持续变化。近些年，围绕家庭结构与家庭关系的家庭教育问题层出不穷，如托管儿童、留守儿童、隔代教育等众多问题，都让家长深感茫然。据相关调查显示，有六成以上的家庭受访时表示"不知如何教育孩子";三成以上的家庭表示没有时间顾及孩子的教育问题,而是把孩子的教育交给学校处理。

如今,过分倚重应试教育的思想和行为在一些地方仍然大行其道。让孩子过早地接受知识教育,违背儿童的身心发展规律;通过人为划分"主科""副科",压缩非智力课程,阻碍孩子的全面发展,造成其身体素质、人文修养教育的缺位。此外,许多教育者往往忽视儿童人格的整体性和统一性,对特定的行为孤立看待,倾向于以"头痛医头,脚痛医脚"的做法来解决儿童的问题行为。重视智力轻视道德,重视身体素质轻视心理健康,重口头教育轻身体力行等,这些现象在家庭教育中较为普遍。

无论是从升学环境还是从就业环境看,"越来越卷"已成趋势。在时代浪潮之下,教育自然也"卷入其中",尽管有"摇号""双减"等政策出台,家长的焦虑依然有增无减。在社会和教育系统的双重夹击之下,一些曾经的校园佼佼者,在走向社会后却成了丧失追求和斗志的"躺平一代"、甚至是毫无幸福感的"空心病孩子"。在这个既内卷又躺平的时代,亟须父母的觉醒和家庭教育的自救。但是,大多数父母在家庭教育上既没有经过深思熟虑,也没有接受过专业指导,基本上被焦虑裹挟,看见别人孩子上课外班,自己孩子也上,至于为什么上这样的课外班,却没有认真考虑过。对于家长来说,片面地认同应试教育或者反对应试教育都是不可取的,最好的道路是鼓励孩子去适应学校教育的同时,通过家庭教育,教给孩子有的学校不怎么教的东西——独立的人格、正确的目标导向、良好的学习习惯等。

(二)传统思维下的教养方式

近些年 PISA(Programme for International Student Assessment,国际学生评估项目)等全球性的测验结果表明,与国外的孩子相比,虽然中国孩子的成绩比较优异,但在运动及动手能力方面却显得不足。这与中国家长重成绩、轻个性、轻创造性的培养方式脱不开干系，折射出传统教育方式对于父母选择教养方式的影响。父母在教育孩子的时候，难免会受到自己儿时所受教育的影响，他们或欣赏或厌恶，但终究都有迹可循，成了"我们曾经最想或不想成为的模样"。

自古以来，"学而优则仕"像导航塔一般，指引我们的家长对孩子进行教育。在激烈的社会竞争下，传统的教育目标不断被强化，甚至是被曲解，家长努力不让孩子输在起跑线上，高度重视学业成绩，而一定程度上忽视了对孩子进行人格教育，这就不可避免地使孩子缺乏独立性和主体意识。"棍棒底下出孝子""不打不成器"等俗语，也被一部分不懂教育的家长信奉；还有一些家长则走向另一极端——"富养孩子"，殊不知，富了孩子的物质生活，却没有富了孩子的精神世界。不少家长平时宠溺孩子，却在孩子们犯错误时，又采取粗暴的方式来对待他们，从而对孩子造成更深的伤害。

除此之外，一些家长美其名曰进行"挫折教育"，习惯责备孩子的缺点，否认孩子的成就与进步，让孩子觉得自己一无是处。将"你看谁谁谁多优秀""你就不是那块料"等挂在嘴边，以提高孩子的抗压能力为名，实际却对孩子造成了无形的创伤。还有父母把孩子看作自己的"私有财产"，这些做法必然导致孩子从小就失去独立的人格和尊严。

在时代大背景下，更需要引起家长重视的是，如何遵循孩子的成长规律和学习规律进行引导。很显然，父母不能再用过去的经验，来教育今天的孩子。一些新的教育政策，拓展了家庭教育的发挥空间，如果家庭利用好这个机会，与学校教育相互补充，那么就可能培养出有人格、有素养、有活力、擅长深度学习的孩子。

二、认知不当所导致的直接后果

阿德勒指出，有特殊困难的儿童主要有三类：一是有生理缺陷的儿童；二是受溺爱的儿童；三是被忽视的儿童。除了先天性的器官病变因素之外，所有儿童都具备可以正常发展的生理条件。但是，为什么有的儿童会成为"问题儿童"呢？其关键在于早期家庭的教养方式。

(一)家长不恰当的教养方式

阿德勒反对两种不恰当的教养方式：一是纵容娇宠的教养方式。他们不用努力就能成为宠儿，一旦将这样的孩子放在不是以其为中心的世界中，他就会认为世界亏待了他，成为"巨婴"。阿德勒认为，被宠坏的孩子长大后很可能成为社会中最危险的人群，因为当他们求而不得时就会报复。婴儿最初几个月，母亲是其生命中最重要的角色，是最先引起他兴趣的人，合作能力就是在这种情况下最先发展起来的，若母亲只考虑自己与孩子之间的联系，就难免会宠坏他们，很难让孩子发展出独立性和与他人合作的能力。如果母亲将孩子的兴趣限制在自己身上，那么孩子以后会把分取母亲关怀的人视为竞争者，会有一种支配母亲的欲望，所以他会做任何能引起母亲注意的事情，比如哭闹，将"害怕"作为一种手段，以达到控制母亲的目的，这样的孩子长大后可能会用病态的方式来引起别人对他的注意或者关爱。

二是忽视、冷漠的教养方式。他们不知道爱与合作是什么，表现冷漠，以拒绝的态势面对别人的善意邀请。这可能是因为他们曾经发现社会对他们没有施以援手，从此就误以为社会是永远冷漠的。当面对问题时，他们会高估其中的困难，而低估自己的能力和旁人的帮助与善意，难以信任别人，自然也就不会和别人产生合作。阿德勒认为每一个人都有对别人发展出兴趣的能力，但是这种能力必须要被启发磨炼，来修正他们对人生意义的解释。当代年轻父母中产生了新的育儿方式，如"摆烂式育儿""反向式育儿"等，一方面，家长不焦虑、不强迫，接纳孩子本来的样子、尊重孩子自己的想法，这是很好的；但另一方面，忽视孩子或对不良行为听之任之也是不可取的。如果父母在孩子需要支持和帮助时，忽视了他们，就会让孩子产生一种"我不值得被爱"的感觉，从而引发不安全感，使孩子无法勇敢地面对生活中的诸多挑战，也无法在父母的指导下学习良好的行为。

（二）"问题孩子"与"问题家长"

儿童之所以犯错是因为对经验世界的偏见，对自己、对他人、对生活的观念以及所做的任何决定，都会受到自己认知的影响。问题儿童身上有一些共同特征，他们常常为一己私利而争强好斗，却在面对困难时，他们往往逃避、拖延或放弃，这些特征会在学校里暴露得一览无余。父母仅按照自己的需要教育子女，这为儿童日后可能遇到的问题埋下了隐患，他们有可能在将来面临巨大的困难，有些困难在入学前就已表现出来，一旦他们完成学业并开始融入社会时，就会变得更加困难。

阿德勒曾经观察一个被收养的孩子，他发现这个孩子性格暴躁、不服管教，尽管他已经与养父母共同生活了一段时间，但是他对养父母仍然抱有敌意，不喜欢这个新家。但是养父母却认为他们对孩子很好，甚至在此之前，这个孩子没有被其他人如此善待过。那为什么会出现这样的情况呢？这个被收养的孩子认为这种善待是暂时的，他仍处于一种孤独无助的困境中。可想而知，这个孩子就会用他自己认为对的方式以留住这种善待。如果这个方式是令人厌恶的，长此以往，他就成了家长或者老师口中的"问题孩子"。在这样的情势下，关键不是善待，而是理解这个孩子的所念所想，如果对孩子的错误行为进行惩罚，惩罚反而会强化他的反抗行为，也就是"我的反抗是有道理的"，对问题儿童的教育也要避免挑战他们，因为挑战对他们来说意味着一种变相的"激励"，让他们成为"自己的英雄"。因此，我们不能以常识来判断行为的对错，而是要溯源，对儿童教育的无知是家长进行教育的最大障碍。

阿德勒还指出不正常的家庭环境也会对儿童的成长带来困难，比如家庭的偏见，这种偏见产生于家庭成员的不良行为。如果父亲或者母亲做了错误的事情，这就会让孩子对未来恐惧，想着躲避同伴，害怕被人发现。这种例子在生活中比比皆是，夫妻争吵、婚姻不幸，那么为此付出代价的就是孩子，这些童年经历的创伤阻碍了孩子与他人友好相处与合作。如果父母在孩子面前，时常抱怨处境艰难，世间不公，也会对孩子的社会情感发展造成障碍；如果父母总是控诉邻居或亲戚，对别人表现出恶意和偏见，那么孩子就很容易对他人的形象持扭曲的观点。

除了父母以外，还有祖父母也会影响孩子的成长，一些祖父母用干预孙子孙女的教育，来证明他们依然是对这个世界有用的，他们大多采用对孩子呵护备至、宠溺骄纵的教养方式。阿德勒在其职业生涯中发现，那些患有心理疾病的人，大多曾是祖父或祖母的"最爱"，这个"最爱"要么意味着溺爱纵容，要么意味着挑起孩子间相互竞争与妒忌。

尽管问题儿童的产生与社会、经济、文化或家庭状况脱不开关系，但在一个个问题儿童案例背后，在一桩桩失败家庭教育事例背后，我们总能发现，问题家教、问题家长和不良的家庭教育环境，似乎是这一切问题发生的源泉。分析和解决家庭教育环境问题、寻找改善家庭教育环境的途径、建立积极健康的家庭教育环境、优化家庭教育水平、提升家长的家庭教育素养……这些都已经成为家庭教育刻不容缓的责任。

第三节　家长应在学会教育孩子的过程中 实现自我成长

阿德勒认为，作为家长，同样需要不断学习和接受教育。一方面，家长需要学习和掌握科学的家庭教育知识和技能，开展科学的家庭教育；另一方面，家长也会在教育孩子的过程中不断自我成长和发展，成为家庭教育的行家里手。

一、掌握家庭教育的目标

儿童的初任老师一般是他的父母，接受家庭教育一段时间后，孩子要进入学校，而学校是暴露一个孩子家庭教育弊端的场所，因此一旦孩子出了问题就只归因于老师、学校，是不合理的。阿德勒指出，我们不能把学校课程看成纯粹抽象的内容，压迫孩子理解这些课程的目的和实际价值。个体心理学非常重视在教育孩子学会知识的同时，发展他们的人格。阿德勒认为儿童教育的目的在于：一是给予儿童鼓励，让其相信自己，并种下勇气的种子；二是培养儿童的社会情感。这两种能力是让一个人在一生中能够更好地适应社会生活和摆脱困境最不可或缺的能力。

（一）给予信心与勇气

孩子往往会为了弥补自身的自卑与不足而去追求优越感。但是，过度争强好胜的儿童会把超越别人当成自己唯一的目标，他们关注的是别人认可的成功。阿德勒认为勇气才是克服困难的关键，所以应该培养儿童成为勇敢、坚韧和自信的人。

阿德勒指出教育者应意识到学校的标准并不适合所有儿童。有些孩子发现自己在学业上获取不到优越感，就干脆放弃，并用非常消极的态度看待自己，如果教育者也这样认为，就会抹杀掉他们做其他事情的潜力。教育者应该发掘孩子的长处、兴趣，并鼓励他们在自己擅长的领域获得成就。对孩子来说，最大的打击无疑是让他对自己丧失信心，从而自我放弃。

（二）培养儿童的社会情感

阿德勒强调教育的目的必然是社会性的，首要目的就是培养孩子适应社会的能力。孩子终将要从家庭走向社会，培养社会情感是为了让孩子在社会生活中感到舒适。社会情感匮乏的孩子往往会以"只要我不喜欢这个世界，这个世界就伤害不到我"为理由，逃避与他人的合作与交往，采取消极的态度对待自己的人生，这不是教育的应有结果。

如果儿童能够在早期就较好地发展出合作精神和合作能力，那么他们长大后将会避免很多麻烦，而不是在人际关系中遇到一点挫折就把自己封闭起来。因此，为了让孩子更能适应社会、融入群体，就必然要培养孩子学会与他人合作。此外，合作是培养儿童青少年社会情感的重要抓手，而社会情感的培育与建立，对个体的成长大有裨益，既能够帮助孩子深刻理解"己所不欲勿施于人"的意义，也能让孩子学会对身处弱势地位的人施以援手，对这个世界抱有乐观包容的态度。

二、掌握家庭教育的内容

阿德勒所创立的个体心理学是以自卑感和创造性自我为中心，并强调社会意识，是能直接应用在生活中的心理学。他特别关注儿童的心理健康，主张在研究儿童心理的同时，认识成年人的性格特征和行为举止。

(一)生活意义的找寻

那家庭教育的核心内容是什么呢？首先要教会孩子的就是生活的意义。那么生活意义又是什么呢？阿德勒的虚构目的论指出，个体会在童年时期无意识地发展出一种关于生活的信念，并在之后不自主地受这个信念的影响，从而对环境做出反应。这个虚构的目的其实就是追求人生的意义，找寻一种完满的状态。

意义不由环境决定，而是由我们如何赋予环境意义决定的。对儿童的教育，没有必要强调遗传的重要性，一味强调遗传不会有任何积极的意义，它带来的直接后果就是使孩子在一开始就形成了诸如"人间不值得"

"躺平任嘲"的价值观。一些人会觉得原生家庭、童年的不幸经历影响了自己之后的发展，但在阿德勒看来，这只是他们为自己寻找的借口。许多生来有缺陷的、"不完美的"孩子获得成功的例子说明，改变自己对人生意义的解释，就会帮助他们摆脱糟糕的状态，合理地解释自己的人生意义就能帮助他们实现自我的超越。

(二)优越感的追求

我们知道，个体一生都在追求优越感，可以说个体所有的外在行为特征都蕴含了这个精神实质。阿德勒指出关于人的发展的基本事实就是，人总是充满活力，朝着自己的目标迸发能量，儿童也是如此。父母或教师的任务就是把这种追求引向有益社会的方向，教育者必须确保孩子对优越感的追求是能给他们带来精神健康与幸福的。因此，父母需要学会教育孩子怎么追求有益的优越感。

个体在追求优越感的过程中会发展出不同的行为特征与习惯，这就是生活风格，它决定了我们对生活的态度，从而指导我们发展出一套稳定的行为模式。生活风格往往在个体3～5岁时就基本定型了。阿德勒归纳了四种主要的生活风格：一是支配型，具有这种生活风格的人倾向于支配和指使别人，为达目的不择手段，通过控制别人来显示自己的强大。二是索取型，这种人很少主动解决问题，对他人的依赖性强，因此很难意识到他们自己拥有的能力，对自己缺乏信心，不能很好地独立生活并克服困难。三是回避型，这类人缺乏解决问题的勇气，同样也不自信，常常沉溺于不切实际的幻想当中，以追求虚幻的优越代替追逐现实生活中的优越。四是社会利益型，他们能够与人友善交往，良好合作，奉献自己，关切社会，关心同伴，常生长于民主和谐的家庭中。阿德勒强调只有社会利益型才是应该推崇的，另外三种都是不良的。

（三）自卑感与补偿

正如"痛苦不存在，则快乐无意义"一般，个体追求优越感以另一个心理事实——自卑感为基础。儿童生来就有一种自卑感，一生都在为改善自己的处境而努力，从而缓和甚至消除这种自卑感，努力改善自身处境的过程被称作补偿机制。除了身体缺陷、贫穷、被忽视、能力低下、与成人相比的身体弱小等都会使儿童产生自卑感。

阿德勒所说的自卑感是正常的，我们每个人或多或少都有，因此，我们要正确认识自卑感，不能将其看作一种负面情绪。但是，过度的自卑感就演变成为自卑情结①。自卑情结是需要警惕的，这是一种病态心理。阿德勒经历长时间的研究发现，身体缺陷和被父母溺爱或忽视的孩子容易产生自卑情结。

（四）社会情感的发展

在生活中，如何区分有益的和无益的优越感呢？显然，强调人的社会性的阿德勒告诉我们：符合社会利益的就是有益的优越感追求。个体这种"止于至善"的优越感追求，不仅不能脱离社会，而且必须是社会取向的，否则就是错误的价值导向，属于社会适应不良②。由此，阿德勒提出个体应该发展符合社会利益的社会情感。人是社会的产物，我们只能从社会的观点去评判一个人性格的好坏优劣，这是思考儿童教育的逻辑起点。从古至今，每一个值得称颂的个体成就都与社会有关，在这一点上，我们很难举出反例。那些我们认为高贵的品德、高尚的行为，都在符合个人价值的同时，也具备了社会价值。

---

① 自卑情结是一种不健康的心理问题，是指个体无法正确应对出现的问题，并不断强调确信自己无法解决这个问题。

② ［奥］阿尔弗雷德·阿德勒．儿童的人格教育［M］．彭正梅，彭莉莉，译．上海：上海人民出版社，2014：36.

因此，学会教育孩子，就是要学会挖掘和培养孩子身上的社会情感，加强孩子对社会的认识，使他能够自觉地与社会产生联系。阿德勒特别指出，母亲对儿童的社会情感和社会情感的发展极其重要，因此母亲应当审时度势，拓展孩子的社会情感。而那些不懂得社会情感为何物的孩子，又没有得到正确指引，最终会成为"问题儿童"。

(五)创造性自我的培养

关于创造性自我的概念，阿德勒是在晚年时期提出的。他认为在超越自卑、追求优越的过程中，个体自身的创造性力量是不容小觑的。人具有主观能动性和创造性，这是与生俱来的。创造性自我促成了个体人格统一，形成个体的独特性，这是人类生活的积极原则。

家长要充分地信任孩子，发展他的自信，过多的批评会造成孩子的怯懦。给予孩子自由和机会，促进其自立自强，允许和支持他创新尝试；为孩子树立榜样，家长自身也要鼓起勇气克服困难，鼓励孩子自我要求和认可自己的性别，欣赏异性，不要催生歧视心理，通过言行来贬损异性。只有这样，孩子才能在真正意义上超越自卑、追求优越，获得人生的真谛，勇敢而自信地发挥主观能动性，实现创造性自我。

三、掌握家庭教育的着力点

(一)理解儿童的心理诉求

要教育孩子，家长就要先理解儿童。如何理解儿童呢？儿童对一件事的理解并不取决于事实本身，而是他看待这一事实的态度和方法，孩子的错误行为是由错误的观念决定的。因此，要扭转错误行为，就要扭转儿童的错误观念，避免只评价孩子的行为，却不找孩子行为的成因。面对"问题儿童"，老师和家长往往带有偏见，认为他屡教不改，相反认为"好孩子"只是偶尔犯错，就显得宽容很多。阿德勒主张家长要反思教育孩子的方式，而不是给孩子打上一个终身不可揭掉的标签，以此定义孩子的未来。要了解一个孩子某个行为背后的意义，要先去认识他的整体人格，了解他在面对错误时所持有的态度，不要仅仅纠结于一件事的因果关系，而要注意大大小小错误的成因，它们会影响一个人未来的成长。

比如父母想要二胎，有的孩子会强烈反对，不想任何人来分享父母的爱；有的孩子觉得自己生活中多一个玩伴会很开心。不同孩子对这件事情的理解是不同的，有的人只是认为反对的孩子是自私的，却并不想了解他为什么会这样抵触。那么事情的自然后果就是，父母给他空降一个弟弟或妹妹后，孩子本就紧张的神经就崩溃了，一旦父母没有平等地对待两个孩子，这个孩子很可能将来会把弟弟或妹妹视作敌人而不是伙伴。可以说，多子女家庭的教育往往面临更多的挑战。

一个错误的观念会逐渐发展出其他的错误观念，孩子并不会说自己讨厌弟弟或妹妹，而是用其他不当的行为来引起自己父母的注意或是关爱。孩子的心理诉求藏匿于他的行为，父母难以理解诉求时，只会直观地觉得这个孩子很难管教，看不到问题背后的原因是什么。所以，儿童教育到底要做什么？长篇的道德说教往往是没有用的，俗话说要"对症下药"，因此，父母要主动了解这个孩子的真实诉求，从根源上清除孩子一些错误想法。正如阿德勒所说的那样，教育者不能把自己当成一个"道德法官"，而是要争取成为他们的伙伴和治疗师，去引导而不是指责。

(二)营造民主和谐的家庭环境

家庭氛围可以决定一个孩子对优越感的追求是主动、建设性的，还是被动、破坏性的。首先，父母要建设好夫妻关系，并妥善处理与其他家庭成员之间的关系，起到表率作用，争取在职业、家庭、友谊和爱情等方面成为孩子的榜样；其次，家长正确认知自己的角色，合理发挥自己作为养育者的职责。不管是作为母亲还是父亲，都要积极承担照顾孩子的任务，尊重另一方为家庭的付出，并掌握良好的养育技能。

苏联教育家马卡连柯曾说，教育是一个连续的过程，它的各个细节由家庭的风气来解决，而家庭风气不是想出来的，也不能用人工来保持。家庭风气是由为人父和为人母的生活行为创造出来的。如果父母生活作风不好，即使最正确、最合理、最精心研究出来的教育方法，也将是没有用的。相反的，只有良好的家庭作风，才能提供给孩子良好的榜样作用，特别是提供劳动、纪律、休息、游戏的正确方式。因此，家庭成员应团结和睦，相互尊重和关爱，相互理解和支持，才能共同建立一个平等民主的家庭氛围。[①]

(三)践行有益的养育风格

国外有这样一首育儿歌：挑剔中成长的孩子，学会苛责；敌意中成长的孩子，学会争斗；讥笑中成长的孩子，学会羞怯；羞辱中成长的孩子，学会内疚；宽容中成长的孩子，学会忍让；鼓励中成长的孩子，学会自信。[②] 这首育儿歌启示我们，父母的教育理念、教育方法以及教育态度等，对孩子的身心是否健康发展起着决定性的作用。

阿德勒学派归纳总结了若干类型的家庭教养方式，如民主鼓励（认可孩子的独立性，关爱尊重孩子，能够平等相待孩子，给予孩子安全感等）、过分宠爱（不管合理与否，无条件满足孩子，不考虑孩子的实际需求，给予孩子各项特权，孩子可以毫不费力地获得等）、过于顺从（一味顺从孩子的要求，忍耐孩子的"坏脾气"，不敢对孩子说"不"等）、完美主义（分数是唯一的衡量标准，对于孩子的成就永不满足，对孩子有过度的期待和要求等）、忽视（总是不在家，很少陪伴孩子，孩子往往缺乏与别人建立亲密关系的能力等）、排斥（将孩子当作负担累赘，对孩子充满敌意，孩子会陷入

① 郑希付. 现代西方人格心理学史[M]. 开封：河南大学出版社，1991：48.
② 李文奎，王立功. 外国教育名著述评[M]. 济南：山东教育出版社，1989：32.

无尽的孤独无助、自我贬损和怀疑中等)、强迫专制(不断地指示孩子,严格训练孩子,希望驯服孩子)、不当惩罚(重视对孩子的体罚,认为只有这样才能让孩子长教训,孩子容易怨恨父母,发生说谎行为等)等。其中,阿德勒学派最为提倡的是一种以积极为特征的民主鼓励,及时给予儿童正面反馈,关爱鼓励而不骄纵儿童,支持陪伴孩子。

家长应该成为自觉主动的反思型学习者,构建科学的育儿观、家庭观、婚姻观,掌握正确的育儿知识与方法,与孩子建立良好的信任关系;了解其心理诉求,澄清孩子模糊混乱的思想观念。家长要积极帮助孩子树立有益的目标,确定在克服自卑、追求优越的过程中应该避免什么与坚持什么;帮助孩子认知自己,从不同方面加以尝试与改变;肯定孩子的积极行动,正面评价其获得的进步与勇气;扩展孩子利他的一面,促进合作;鼓励孩子热爱奋斗,包容不熟悉的东西,开阔视野,帮助孩子过上一种符合社会利益的、积极健康的生活。

第四节　典型案例

【案例一】他不再郁郁寡欢

小安是一名13岁的男生,刚升入初中不适应,内心焦虑,加之期末考试退步大,很有挫败感。有一段时间他总是郁郁寡欢,干什么也提不起兴致,老师发现他上课总是低着头,提不起精神,课下与同学交往减少,作业完成质量低,成绩有所下降。小安在家与父母也很少沟通,吃完饭后就在自己卧室待着不再出门。老师家访时发现,小安爸爸平时和孩子沟通较少,管教方式以批评和要求为主,比较看重孩子的学习成绩。一旦小安成绩退步,爸爸会严厉冷漠地对待他,这使得小安产生了一种认知:我的学习不好，我的爸爸不喜欢我，我不行。久而久之，小安对自己越来越没有信心。

其实，小安爸爸因为孩子的事情特别担心和着急，于是向要好的朋友寻求帮助。朋友欣然赴约，并且带了自己的孩子小宝。在吃饭时，朋友耐心地问小宝想吃什么菜，并且按小宝的回答来给他夹菜。小宝吃得津津有味，可是盘子周围洒满了"漏网之菜"，朋友看着小宝笨拙地用勺子吃饭，眼里满是笑意和欣赏，连连说道："小宝真厉害，吃饭吃得越来越好了，真能干！"还冲小宝竖起大拇指。小宝可开心了，给了爸爸一个可爱的飞吻。

看到朋友父子温馨互动的场面，小安爸爸突然醒悟，作为父亲，自己与小安这么亲近是很多年之前的事了，甚至这一周和儿子说的话都不超过20个字。于是，小安爸爸推掉了晚上的应酬，早早回家给小安做饭，吃饭的时候问孩子饭好吃吗，并约小安饭后去打篮球，打完篮球还买了小安爱吃的水果。后来，小安爸爸和妈妈一起讨论如何鼓励孩子，商量着周末一家人去看儿子喜欢的画展。小安爸爸请儿子送几幅自己画的画给他，并且装裱挂在客厅里，只要来客人，总会自豪地介绍一番。小安爸爸也开始学会主动询问小安的学习是否需要自己帮助，耐心地和小安分析优势学科，帮助小安归纳适合自己的学习方法，鼓励小安和老师、同学交流。在小安爸爸改善自己的教育方法后，小安的脸上总是挂着笑，学习也进步了不少。

在成为父母之前，我们都没有接受过关于"如何成为好父母？"的教育，一切都是摸着石头过河，或许我们会发现，我们对待孩子的样子就是当初我们的父母对待我们的样子，这就是阿德勒所说的生活风格。而我们应该如何摒弃不良的生活风格，更加有效地帮助孩子成长呢？首先就是作为父母的我们要成长，要提升自我反思意识，革新教育观念，认识到这世间有比学业成绩更重要的东西，比如合作能力、关怀他人的品质、攻坚克难的品格等。小安的爸爸认识到自己之前忙于工作，疏于和家人沟通，对儿子平时缺少陪伴，只关注孩子的学习成绩，在孩子有困难的时候没有帮助和支持，反而冷漠地指责，也没有关注孩子的长处，这些都使小安对自己产生怀疑，变得敏感脆弱。父母还要做出行动上的改变，平等对待孩子，加强有效亲子沟通，发现孩子身上的"美"。后来小安的爸爸从朋友带娃的温馨场景中深受触动，意识到比成绩更重要的是孩子的健康快乐。一个家庭有了关爱和温暖，孩子才会得到爱的滋养，才会更加自信和有力量。父母对孩子多一些陪伴和支持，多一些欣赏和鼓励，孩子可以借助父母发现自己的长处和优势，才会发现自己独一无二的价值，才会悦纳自己。

（案例来源：滨州实验学校　慈会芳）

【案例二】青春期的隐私

小言是一个 13 岁的小姑娘，进入青春期后逐渐有了自己的想法和小秘密。但是由于妈妈对自己的管教非常严格，小言一直想要一个独属自己的小空间，拿着手里的日记本一边嘟囔一边在房间的各个角落观察更隐蔽的地方。"这次藏哪里呢？上次又被妈妈发现了。"

小言的妈妈知道小言有写日记的习惯，最近发现女儿上了初中后变得越来越不愿意和她交流，这让她很想知道小言的校园生活情况，于是她私自翻看了小言的日记本，却被刚放学的小言看到了。母女俩不友好的交流在小言"砰"的关门声中戛然而止。小言的妈妈想不通，为什么她的"贴心小棉袄"如今和她总隔着心呢？

又一个周五晚上，母女二人还是没有说一句话，晚饭后小言依旧回房间关上了门。妈妈先打破了家中压抑的氛围，拿着一盘水果敲响了小言的房门。听到敲门声，小言慌慌张张地把日记本塞进了抽屉。妈妈愣了下，随即就走进了房间，把水果放到了小言的书桌上，说："日记的事情总要解决的。"小言放下了手中的笔，转过了身，眉目低垂。小言的妈妈说："这件事情是妈妈做得不好，妈妈只是看你回到家也不怎么说话，每天闷闷不乐，以为你在学校受了欺负，这才没考虑到你的感受。妈妈和你约定好，以后不会随便进你房间乱碰东西，但是你回家要和妈妈多交流，让妈妈多了解你。"小言点了点头，自从两人交流完后，母女二人之间的交流越来越多了，家中气氛也不再沉闷，变得欢声笑语。

这个案例是最普通的一对母女之间的故事，这个妈妈或许就是你我。虽然担心孩子的成长是可以被理解的，但是私自翻看孩子日记的行为确实不妥，之后小言的妈妈也意识到应该成为孩子青春期隐私的保护者，最后决定让小言保留自己的隐私。从中可以看到，作为家长，小言的妈妈首先纠正对待孩子的态度，尊重她的隐私，让孩子拥有表达自己的权利与空间。父母可以与孩子一起来界定什么是隐私，比如孩子觉得哪些东西不经他同意是不能碰的，父母何时可以进入自己的房间，什么时候不能进入，是否需要在进入房间之前敲门等。总之，是要在平等交流的基础上，调整父母与孩子之间的适当距离。在此之前，如果双方关系恶化，父母需要先纠正自己的错误行为，并向孩子诚恳道歉。

此外，倘若孩子的隐私涉及其成长过程中的不利因素，父母也不需要过度恐慌，可以与孩子讨论理想、事业、道德、人生观、价值观等问题，引导孩子认识自己的生活真理，提高孩子按照标准调整自己的行为能力，帮助孩子发展出自我教育能力，从而使得孩子发展中的某些危险倾向可以在父母的教导下，朝着有益的方向解决。

（案例来源：农安县合隆镇中学　张玉）

第二章　教育孩子理解生命的意义

　　家长对孩子的教育，不能仅仅关注学习成绩和考试分数，而应该从更加宽广、更加长远的角度，对孩子进行全面的教育。阿德勒个体心理学理论非常重视儿童的人格养成、社会情感培养，这对一个人的长远发展而言，是更为重要的。

第一节　实现完满的人格

　　追求优越是阿德勒个体心理学的核心，也是支配个体行为的总目标。他认为人类的一切行为都受"向上意志"支配，一个人生来就有一种内驱力，将人格各方面汇合成一个总目标：要求超越普通的优越感，力图做一个没有缺陷的、完善的人。这种追求优越的心理，可激励人追求更大的成就，使人的心理得到积极的成长。

一、不断超越自卑心理

（一）人发展的理想状态是实现人格的完满

　　个体的生活目标具有决定性，能够决定一个人的生活风格，并进一步反映在个人行动上。如果个体的目标指向的是生活消极的一面，那么他就很难解决这些问题，也就不能获得妥善解决问题时带来的成就与快乐。反之，如果一个人的目标指向的是生活积极的一面，他会建设性地解决这些问题，从解决问题的过程中体会到自身的价值与力量。

把自我价值和社会价值相统一，是一种健康的追求优越的方式。追求优越实际上便成为追求一种完满的人格，成为完善的人，这样的目标便是"止于至善"，成为个体一生发展的最终主导力量和根本原则，而摆脱自卑、追求优越则成为次要的、从属的部分。对生存、社会、两性关系问题的解答可以揭示个体是如何揭示生命意义的。按照阿德勒的构想，我们对一个人的全部要求，或者说是对一个人的最高评价是他在工作上是一位好同事，在爱情与婚姻中是一个好伴侣，在与人交往时是一个好同伴。总之，他应当证明自己是一个"人"。

(二)个体的人格发展源于对生命意义的阐发

了解一个人赋予生命的意义是打开他整个人格的钥匙。性格是可以改善的，关键是要找到原型的错误，改进的有效途径就是培养他们更有合作精神和更勇敢无畏的生活风格，人格教育正是为了实现这一点。

生活中的失败者，往往没有正确的生活意义，因缺失社会情感、安全感与归属感而走向失败，因此，他们也都是人格不健全的。人类一出生就开始探索生活的意义，只有和其他人建立关联，才会产生真正的意义。许多人一心想把自己变成重要的人，却不知道要为其他人的生活作贡献，才能实现目标。生活中还有一些人，认为生活是充满希望和创新的，困难都是暂时的，总有办法克服。生活对于他来讲，意义在于和伙伴并肩同行，同时，作为群体的一部分，要为整个人类的幸福作奉献，我们可以说他们的人格发展是理想状态的表现。

(三)与个体人格发展和生命意义阐释相关的因素

1. 早期经历与生活风格

个体在童年早期就形成了自己处理问题的独特方式——生活风格，阿德勒将其形象地比喻为个体"统揽表"，这个表符合其对生命意义的最初阐释，指导其此后对待世界的实践。如果个体对生命意义的阐释是错误的，那么其处理三项基本问题①的方式也是错误的，就会引起自身的痛苦与不幸。

面对不幸的童年经历，有的人认为自己要努力消除这种处境，让他的孩子不再经历他曾经历的苦楚；而有的人则认为世界如此不公，这样对待自己，自己凭什么要善待这个世界；还有的人会认为不管自己做什么都应该得到宽宥，因为这是别人亏欠自己的。这些对于生命意义的诠释都会见于个体的行为，见于其生活风格的践行。

从这里我们可以看出个体心理学的一个基本观点：个体的发展不取决于经历的冲击和创伤，而是取决于个体赋予这些经历的意义。阿德勒认为身体缺陷、被溺爱和被忽视三种情形最容易使人错误地诠释生命意义。

（1）生理缺陷

有些因身体残疾而痛苦的人，难以感觉生命的意义是为社会奉献，这是可以被理解的。别人的怜悯、挖苦或是避之不及的态度只会进一步加深他们的自卑感，逼迫他们走向孤僻内向。试问，这样的情况下，他们怎么会觉得自己对社会是有价值的？他们只会认为世界不公，这个世界给了他们羞辱感。

但是生理缺陷并不总是导致孩子得不到良好的发展，我们也会看到，很多出类拔萃的人也有身体缺陷，但是通过不断努力，他们补偿了自己的自卑感，比如那些参加残奥会的运动员，他们多么勇敢、自信。因此，个体心理学绝不会盲目鼓吹优生学，我们不能仅从身体表征来判断心灵到底会沿着哪个方向发展。

———————————————

① 三项基本问题，是指每个人都要面对的职业、社会关系以及两性问题。

（2）家庭教养方式

导致儿童错误的生命意义诠释，阻碍其追求完满的人格的因素还在于错误的家庭教养方式，尤其是娇宠和忽视两种。

被娇宠的孩子无须努力，就能获得关注，一旦失去了中心地位，就会认为世界辜负了他，他受到的教育让他从不需要思考如何独立解决问题，他只会索取而不会付出，遇到困难他只能乞求别人的帮助。不管是伪装成受欢迎的模样还是离经叛道，他们一到需要合作奉献的时候就撂挑子不干，一方面是他们没有这样的能力，另一方面他们也不能接受自己和别人处于同等的地位。别人若是不顺从他们，他们就会向别人报复，如果社会因此对他们产生敌意，他们就会自然地认为是自己受到了虐待，便进入了一个循环往复的怪圈。他们对生命意义的阐释是——自己永远处于优先地位，高人一等。显然这是错误的。

相反，处在另一极端的是被忽视的孩子，他们则是没有积极的力量理解爱与合作，因为他们从未感受过。这样的孩子会低估自己的能力，认为社会是冷漠无情的而产生自我封闭，因此意识不到自己可以凭借有益于他人的行动赢得情感与尊敬，从而陷入怀疑他人又丧失自信的泥沼中。

这两种状态说明了合作与社会情感在生命意义阐释与人格良好发展中的重要性。父母需要让孩子信任父母、对父母感兴趣，并进一步将这种信任与兴趣加深拓宽，直至涵盖孩子周围的一切。

2. 早期记忆与梦

个体心理学认为，梦境与清醒状态下的人格别无二致。梦在一定程度上揭示了人格，因为在梦中，人们受到的压力较小，并不容易隐藏全部人格。另外，早期记忆也是个体赋予自己生命意义的依据，之所以值得被记忆，就是因为事物与他想象的生命相关。早期记忆是个体第一次关乎自己的完整刻写，不管是否正确真实，都代表了他对生命的解释。

一个 12 岁频繁尿床的孩子，谈起他最初的记忆：妈妈以为我丢了，她非常害怕，就到处找我，其实我躲在衣橱里。这个孩子认为生命的意义在于制造麻烦——频繁尿床而获得关注，"我"可以愚弄别人来刷存在感。对他来说，他妈妈的焦虑紧张、与他的冲突正是证实了他对生命的解释。

二、生命意义的存在标准

我们所感受到的，不是现实本身，而是经过阐释的现实，这就是说，我们是通过自身对现实赋予的意义来感受现实的。受个体经验所限，意义的阐释必然是未竟的，可能存在误差。尽管无人知晓生命的绝对意义，但是我们仍能为其找到一个公共尺度，否则个体基于有限经验的价值澄清最终会陷入虚无主义的危险。阿德勒直言，这个公共尺度能帮我们解释与人有关的现实社会。

社会情感是揭示生命意义的关键。阿德勒指出所有真正的生命意义的标志在于，个体能够分享的同时也能被接受。这要求个体能够对他人产生兴趣，并且与他人合作，做出奉献，错误的生命意义都集中指向于个体缺乏社会情感。

为群体奉献自己是否会损害个性？阿德勒认为这不是一个真问题，想对人类有贡献，就要调整自己适应这样的目标，这种社会情感使得个体不断学习，发展自己的能力，以应对生活的挑战。在这个过程中，个体难道没有获得自身的发展吗？如果一个人不想让别人发展，就会将精力放在嫉妒、阻碍别人发展的方面，那么他还会有余力发展自己吗？如果一个人想要获得美满的爱情与婚姻，就必须和伴侣合作，想伴侣所想，爱伴侣所爱，在此过程中就自然而然地将自己的潜力与才华发挥得淋漓尽致。

那些不相信人生问题需要通过合作来解决的人，他们的成功目标实际上是谋求一种不真实的个体优越感，所谓的成功也只是对他们自己有意义而已，这是虚假错误的人生意义。他们一生都在追问"生命给了我什么"，却丝毫没有留下属于自己的痕迹，最终在这无尽的失望中走向生命的末路。对于他们来说，必须以为人类谋取更多幸福作为前提来获得新生。

第二节　处理好三大基本问题

阿德勒认为家庭教育的基本目标是教育孩子学会合作，培养社会情感，形成健康人格，使儿童理解生活的真正意义，使他们将来可以圆满地完成人生的三大任务——职业、社会关系以及两性问题，促进自我价值的实现。

一、人生的三大任务

(一)束缚人类的三条纽带

阿德勒提出，我们任何人的生活都受限于三个约束，所有人面临的问题都源于这三个方面的约束。因为这些问题无处不在，个体的一生都在处理这些问题中度过，同时个体对这些问题的回应，也揭示了他对于生命意义的内在解读。

第一重约束是生存约束。我们依赖于地球上的资源而生存，为了延续人类的生命，我们必须发展自己的肉体与心灵，这是无法回避的命题，因此我们回答有关于人生的问题都要考虑这一客观事实。

第二重约束是社会关系约束。社会是人类各种关系的总和，由于个体的限制与不足，我们每一个人都不可能完全脱离与他人的联系，独立于社会存在，个体所设立的目标也不能孤身一人实现。阿德勒强调，一个人对于自己和人类利益的最大贡献就是在于与他人的联系。

第三重约束就是两性约束。人类生命是由两性构成并维持的，爱情与婚姻属于这个范畴，人类用许多不同的方式处理这个问题。中国许多未婚恋的成年人在过年的时候总会面临这样的盘问或者劝诫，如"有对象了吗""什么时候能带回家来看看呢""是时候考虑个人问题啦""该准备要孩子了吧"……

（二）人生需要解决的三项基本问题

三个约束构成了三大问题：一是我们该如何找到一个赖以为生的职业？二是如何与他人合作并分享利益，在人群中谋得一个位置？三是我们该如何调适自我、处理两性问题以促进人类的延续？个体心理学认为，这三大问题可以归纳为三类：职业问题、社会关系问题、两性问题。人们对个体生活和社会生活的三个基本问题的态度，比对其他任何别的问题的态度更能体现个体真实的自我。

1. 职业问题

第一个问题是由人与世界的基本关系决定的，涉及个体如何投入和运用自己的一生，在社会分工中发挥怎样的作用。阿德勒认为，个体的职业问题并非个体私人的事情，而是关乎人与世界的关系问题。这个关系不完全是由个人的意志决定的，职业成就的取得也不取决于个人意愿，而是源于客观现实[①]。

2. 社会关系问题

第二个问题可以具体表现为如何结交朋友和与人相处。一个人该如何进行社会交往，如果个体认为自己是否有朋友并不重要，并以此回避社会关系中的问题，那么"无所谓""不在乎"就是他对此类问题的回答。社会关系不仅限于如何赢得朋友和与人交往，还包括对于这些关系的抽象观念，

---

① ［奥］阿尔弗雷德·阿德勒. 儿童的人格教育［M］. 张庆宗，译. 上海：华东师范大学出版社，2017：13.

如友谊、同伴关系、信任以及忠诚等①。

3. 两性问题

第三个问题产生于人类分为两个性别的事实，与前两个基本问题一样，这个问题的解决也同样是非个体主观的事情，涉及个体如何与异性相处，可以具体表现为婚姻与爱情。阿德勒认为，对于爱情和婚姻正确解决之道的任何偏离，都体现了人格的缺失。

(三)三项基本问题之间的关系

我们永远也不能割裂地解决这三项基本问题，任何一个问题的成功解决都需要其他两个问题的妥善处理，比如，解决工作问题的最佳途径来自对社会关系问题的解答。因为我们同属于一个社会，必须彼此联系地生活，但如果我们是地球上唯一的生存者，那么我们的态度与行为将会完全不同于现在，而现在我们必须要考虑他人，适应整个社会。当我们解决了友谊、社会感、信任以及合作等，我们就解决了社会关系问题，在此基础上，我们便可以阔步向前，解决职业问题。正因为人类懂得合作，才有了劳动分工的概念，通过劳动分工，我们才能"集中力量办大事"，组织发挥各项能力所长，每个人在此过程中都发挥了自己力所能及的一面。

解决好了社会关系问题，我们才能进一步解决两性问题。婚姻与爱情是需要以良好的合作、信任关系等为基础的，一个人只有懂得如何与他人友好相处、关爱与信任他人，才能说这个人基本具备了爱别人的能力。对于这个问题，阿德勒认为，要成功地解决婚姻爱情问题，必须要有一份有利于大众利益的职业，要与其他人进行友善的接触。他极力提倡一夫一妻制，认为这是最符合社会和劳动分工的制度，也是这一问题最完美的解决

---

① ［奥］阿尔弗雷德·阿德勒．儿童的人格教育[M]．张庆宗，译．上海：华东师范大学出版社，2017：12.

方式。从一个人谈论这个问题的方式中，我们也可以清晰地推测出他的合作程度。有些人用追求事业成功，来回避婚姻与爱情问题，或者将婚姻的失败归结于家庭中某一方忙于工作，这都是逃避和懦弱的表现。

这三个问题彼此是联系在一起的，解决一个问题有助于解决其他两个问题，或者说，它们是同一环境同一问题的不同方面。人类在每一个时空，都一定程度上成功解决了这些问题，但这不是一劳永逸的。可以说，人类一直都在无限地趋近于完美答案，但总有更大的进步空间。

二、人生问题折射个体对生命意义的阐释

如果人们直接发问"生命的意义是什么"，绝大多数人都不能完整地表达自己的观点，但是人们的一举一动都体现了他对这个世界、对自身的看法。倘若一个人并不了解对自己及世界的看法，那么必定会陷入反复的迷茫纠结与痛苦中，且无法知晓这痛苦来自何处。

任何人都有自己的生命意义。个体对于职业选择、社会交往、婚姻与爱情这三个问题的回答，正反映了他对生命意义的阐释。阿德勒举了这样一个例子来佐证自己的观点：如果一个人的爱情不尽如人意，工作上也庸碌无为，也没有什么朋友，认为与其他人相处是一种折磨，那就可以一定程度上推测，这个人认为活着是艰难的，发展机会寥寥，生活充满了挫折与苦难。这个人的活动范围是狭窄的，对他来说，生命意味着保护自己不受伤害，只要远离人群就是远离纷扰与损害。而另一个人，爱情甜蜜、工作成就斐然、交心朋友多，将与他人的合作、交往视作一种美好的人生际遇，能以积极乐观的态度对待人际关系问题。我们就可以断言：这个人将会在他有限的生命里不断创造、充满信心与勇气、勇攀高峰，将生命的意

义解释为——作为人类的一分子，为人类幸福贡献自己的一份力量。①

第三节　科学开展人格教育

阿德勒认为，每个人的人格都是由各种动机、特质、兴趣和价值等所构成的统一整体，而意识是人格的中心。通常，人们都能意识到自己行为的动机和追求，家庭教育就是要不断引导孩子确立正确的意识、克服错误的行为，不断培养孩子完满的人格。

一、关于职业选择的教育

诸如"啃老族""伸手党"等这些试图逃避工作问题的人，需要依赖别人的劳动才能得以生存，而自己却毫无贡献。这就是那些被宠溺孩子的生活方式：遇到任何问题，他们往往要求别人为他解决，并把原属于自己的责任与义务，推到那些积极解决生活问题之人的身上，久而久之，这些孩子成长为责任感匮乏、问题解决能力低下的弱者。

（一）影响儿童未来职业选择的因素

首先，母亲是第一个影响到孩子职业兴趣发展的人。并且，儿童早期尤其是前四五年，是教育的关键期，这个时期的培育会对孩子成年后的行为产生决定性的影响。所以，在为孩子做职业指导时，我们应该基于其童年生活、儿时兴趣等早期记忆，了解他自己想成为什么样的人，帮助他明晰自己的理想与实现理想的途径。阿德勒还谈到，培养的第二步由学校执行，学校应当注重训练孩子的眼、耳、手，这些能力的重要程度不亚于学科知识。当然，阿德勒并不轻视学科教育，他认为学科教育对于孩子将来

---

① ［奥］阿尔弗雷德·阿德勒. 活出生命的意义［M］. 柴晚锁，吴维中，译. 北京：北京大学出版社，2019：6.

的职业发展非常重要，是绝佳的训练方法。

其次，阿德勒指出儿童还会对突如其来的事物产生好奇，如疾病、死亡等，有的儿童会因此想成为医护人员，还有的儿童会有文艺作品创作的欲望，对于这样的好奇以及孩子为之付出的努力，父母应该予以肯定并加以鼓励。儿童身上最常见的一种努力便是要超越家人，尤其是超越父母。我们应该看到，子女想要超越父母是一个良好的想法。如果孩子想在父母所在的行业中胜过父母并取得成绩的话，父母的经验便可以为孩子所学习，成为一个良好的开始。

最后，金钱在家庭生活的价值如果被强调得过多，则孩子会仅以赚钱多少来衡量工作与职业，这是极其不恰当的，因为孩子追求的不是有益于人类的兴趣。这并不意味着阿德勒反对谋生，相反，他主张谋生，但反对个体沉迷于钱财的获得，不再利他，这样就很容易变得追逐私利而失去品格。

(二)辅助孩子选择未来职业的教育要点

1. 规避两个错误倾向

很多人直到工作之时，仍然不知道自己想要做什么，从这个岗位到那个岗位，从这个行当到那个行当，不断跳槽、反复纠结。阿德勒认为这说明这些人在任何事情上都会无所适从。因此，家长应该尽早引导孩子考虑未来的职业发展，并给予他们学习与训练的机会。在教育引导儿童选择职业的时候，我们应该注意两种倾向：一是回避职业，这些人不会满意自己的职业，想要轻松获得优越地位，不愿面对生活带来的诸多挑战；二是从属倾向，阿德勒说有一些孩子不愿意处于领导地位，主要兴趣是成为别人的下属，这并非一种良性发展，所以他极力倡导教育者一定要批评这种倾向，否则儿童以后便缺乏挑战精神与主动性，只会按部就班地工作与生活。如果一个孩子表现出好吃懒做、心不在焉等，家长就必须找出错误的原因，并以正确的方法来纠正错误。

2. 重视儿童的兴趣

儿童期在职业生涯规划中至关重要。孩子对于他们想成为什么样的人的回答或许是笼统模糊的，比如他们说想当科学家，他们往往并不知道为什么会做出这样的选择。那么家长就有必要了解儿童的潜在动机，进而找出努力方向，从儿童理想的职业入手，帮助他们廓清目标与实现方法。阿德勒指出，十二三岁的孩子更加清楚自己的理想职业，如果处于这个年龄的孩子不知道自己想干什么将会是一种遗憾。[①] 哪怕是再没有雄心壮志的表面下仍然隐藏着孩子的兴趣，面对这样的情况，我们更要有耐心找到他们的主要兴趣并加以训练。还有些孩子尽管野心勃勃，但是他们不懂得如何与人合作，没有明白劳动分工的意义所在，也就无法通过现实途径实现其理想。

孩子通过对于职业问题的回答，向我们展示他的生活风格、他所认为生命中最宝贵的东西与努力方向，所以家长要尽早了解孩子的理想职业，留心观察他们的答案及给出的原因，要意识到职业是没有高低贵贱的，要以平等的眼光对待所有职业。只要孩子的志趣是利人的，就应维护和珍视孩子的选择与兴趣，使得孩子清楚，只要他认真专心工作，为他人、为世界的幸福作贡献，那么他就是高尚的、重要的，他的主要任务就是在劳动分工这一大纲下，训练自己，培养才能，努力谋生，追寻志趣。

3. 借助早期记忆与游戏扮演

阿德勒认为，在职业指导中，个体的早期记忆应得到重视，与孩子进行交谈时，从他的早期记忆中，可以回溯一些关于职业的信息。比如，有些人在回想早期的记忆中提到，自己对医院的味道很敏感，消毒水的味道

---

① ［奥］阿尔弗雷德·阿德勒. 活出生命的意义［M］. 柴晚锁，吴维中，译. 北京：北京大学出版社，2019：228.

会让他感到安心与干净，那我们便可以推断出他可能对于医护类的职业感兴趣。儿童的游戏也可以让我们看出他们的兴趣所在，比如，有的孩子小时候喜欢玩一些角色扮演类的游戏，自己扮演老师来教其他的小孩子，从他在游戏中的行为，我们就可以大致推测出，他对教师这一职业的认知与兴趣。

4.不要过度强调金钱的价值

父母必须教育孩子树立正确的金钱观，不要在孩子面前一味强调家里多么缺钱、钱在家庭生活中多么重要等，或者传递给孩子某种职业能挣大钱、挣大钱就是成功等错误观念，竭力避免"赚钱"成为孩子唯一的兴趣。身处这个光怪陆离的社会，在某些方面，有些旁门左道会一时成功，我们也不能保证一个以正确态度走过一生的人，会快速取得世俗意义上的成功，但至少可以使他保持勇气，不失品格。

5.教育孩子为他人着想并适应社会

没有人能完全不用与他人共事就能获得事业的成功。父母必须教会孩子明白这样一个道理：懂得为他人着想是一种优势与技能。如果孩子把自己的利益看得过重，那么他长大后就不会维护他所在工作团队的整体利益。

二、关于社会交往的教育

2012年教育部发布的《3—6岁儿童学习与发展指南》指出：人际交往和社会适应是幼儿社会学习的主要内容，也是其社会性发展的基本途径。由此可见，社会交往是奠定孩子健全人格的基础过程，孩子在和成人、同伴交往的过程中，不仅会学习如何与别人友好相处，也在学习如何看待自己和对待他人。阿德勒强调所有生活问题归根结底是社交问题，我们所锻炼的全部技能也都是为了更好地服务于全人类的发展。

若一个人像孤狼一样活在这个社会中，那便是一种悲剧。培养孩子的社交能力前，父母不要"轻举妄动"，而是要先熟悉他们的思维和视角。要真正地去体会主宰孩子们的举止、反应、思想和感觉的思维方式，了解他们为什么愿意做一些事情，拒绝做一些事情，然后再去考虑如何培养社交能力。社交问题关系我们如何对待他人，如何对待人类的未来。如果父母能够懂得预防并补救社会适应不良的原型错误，及时了解孩子在班级是否合群，是否努力获得大家的关注等，那么对孩子的健康成长大有裨益。

(一)怯懦心理常会导致社交不利

在社交活动中，怯懦心理是社会适应不良最常见的原因。一个男孩的妈妈因为他没有收到朋友的生日聚会邀请而质问孩子："他邀请了那么多朋友，怎么不请你呢?"孩子不解，本来想告诉妈妈"他又不是我的什么人，干吗非邀请我不可呢?⋯⋯"结果被妈妈打断了。此后，妈妈总是要求孩子想办法多参加一些聚会，多和朋友搞好关系。但是这个小男孩并没有因此变得更受欢迎。后来，每当妈妈问他有没有聚会、有没有朋友找他一起玩的时候，他就会难过得落泪。心理学家对此分析道，这位母亲的严厉、错误引导导致孩子怀疑自己没有人际交往的能力，孩子因此陷入迷茫之中，变得胆怯，进而对友谊和社交产生恐惧。其实，这并不是多严重的事，案例中的男孩也许只是需要时间去调整，却因为妈妈把自己的敏感传递给了孩子，而让情况变得更棘手。生活中，类似的场景也不少见，孩子们的社交本就存在多种可能性，所谓内向孩子的"社交危机"更多的是需要父母的正确引导，从而帮助他们摆脱胆小怯懦，能够自信开朗与他人友好平等地交往。

(二)培养孩子社交能力的突破口

1. 培养孩子的独立性

每一个孩子都应该学会独立，而独立的前提是要认识到自己生活风格中的优势与不足。父母不要包办孩子的生理需求和活动，不要对孩子照顾得太周到，以免"扼杀"孩子的自主需求，甚至还额外"制造"需求，例如，将孩子喜欢的物品放在他知道或看到但拿不到的地方，当孩子想吃、想喝、想玩时，孩子不能轻易得到但感到焦急，这时候就更容易主动提出需求，产生了与人交往的机会。这时家长要装作不明白孩子的意思，继续制造出更多的交流机会，不要"聪明"地立即满足，这样就能充分利用交流的机会，设计更多的社交训练。

2. 让孩子提前学习一些交往知识与技巧

很多孩子觉得新环境带给他们不适，产生入学焦虑，他们不能也不愿意获得新的友谊。阿德勒认为，孩子在入学之前，最好拥有一些如何与同伴交往的知识。他不能只依赖某一个人，而拒绝排斥其他人。小孩厌恶上学有迹可循，如赖床、吃早饭时磨磨蹭蹭、弄丢书或者作业等，这是因为孩子缺乏"上学意识"，父母必须给予孩子时间做出改变。如果孩子上学迟到，惩罚只会加重他对学校的错误认知，认为他本就不该属于学校，他会用别的方式来逃避面对关于学校的一切。父母可以选择一些有关友谊、同伴冲突的书，通过讲故事或是读漫画来增进孩子的社交知识。

3. 培养孩子主动社交的意识

如果一个不善于社交的孩子能够在社交场合担起主人的角色，热情招待朋友，为朋友着想，共度美好时光，那么，他的身上就会出现巨大的转变。要做到这样，父母首先就要允许并鼓励孩子邀请自己的朋友、玩伴、同学到家中，并辅助孩子做好计划安排，适时为孩子提供帮助。同时，也要告诉孩子，朋友对他很重要，玩耍时既要保护自己的安全，也要保护朋友的安全，所以一些危险活动不要计划与参与；其次，孩子邀请的玩伴到了家中，父母应当在保证安全性的情况下，要为孩子及其玩伴提供自由的空间，父母不过度干预而是做好辅助，这能够让孩子产生主动意识。

4. 父母应该以身作则

父母可以邀请自己的朋友到家里，同时鼓励孩子和他人接触交流，适当让孩子参与招待，不要认为孩子"肩不能扛、手不能提"，从而让他丧失了自己作为家庭成员的责任意识。可以让他主动问好、帮忙递水、拿鞋等，只有父母愿意与人交往、和身边的人友好相处、以尊重和关心的态度对待自己的长辈以及他人，才能影响到孩子，让他也成为一个具备社会交往能力的人。

5. 多带孩子参加集体活动

多带孩子参加户外活动、家族聚会、朋友聚会以及社区志愿活动等一些适合孩子参加的集体活动，让孩子和一些不同群体的小朋友一起游戏，丰富群体活动经验，告诉孩子与人交往时要诚实、大方、善良。如果孩子在玩的过程中发生矛盾或者起冲突，父母应该让孩子通过协商、交换、轮流玩以及合作游戏等方式解决矛盾冲突，帮助孩子在矛盾中逐渐学着理解别人的想法与感受，培养良好的沟通交流习惯，而不是直接干预，替孩子解决。

6. 不要迫使孩子成为社交场合的"表演者"

诚然，有些孩子愿意主动展示自己的风采，为大家带来欢乐，这本身没有问题。但有些父母把孩子带到聚会上，是为了"有面子"而炫耀孩子，却不顾孩子的意愿，硬要让孩子表演才艺，不会弹琴跳舞唱歌，就让孩子背诗等。更可怕的是，这种内卷造成了你来我往，形成攀比之风，你家孩子背一首唐诗，我家孩子就要背两首宋词。但凡孩子表现出一点忸怩，就会教训孩子，"你怎么那么不争气呢""你展示一个你学的怎么了"……然后事情会怎么发展呢？"你看看谁谁谁，人家多好，会展示，不像你"……这种比较孩子的行为进一步加深了孩子的自卑感，为什么要在公众场合如此伤害孩子呢？成年人仗着孩子需要依靠自己，而迫使他们表演，这是多么荒谬的事情。不要强迫孩子做他不愿意的事情，而要关注孩子的感受，以平等的心态去对待孩子，让孩子感受到自己被尊重，当孩子感受到了被尊重时，他同样也会去学着尊重别人。

三、关于爱情与婚姻的教育

从原始社会起，婚姻就不是一件私事，而是每个人在心灵与精神上都必须参与的共同事情，涉及社会所赋予他们的责任，是需要充分准备的。但是许多人准备不足的问题，恰恰就是婚恋问题。爱情婚姻是对伴侣最亲密的挚爱，表现为生理吸引、同伴关系以及生儿育女的决定之中。[①] 为人类幸福而进行合作，任何一方都应当关心对方甚于自己，这是爱情与婚姻成功的唯一基石。倘若婚姻失败了，离婚并不能从根本上解决个体的问题，而是要找到存在于个体认知中的错误进行纠正。

(一)影响个体选择伴侣的因素

所有人的内心都创立了一个理想的异性形象，这在童年时期就开始了。孩子对伴侣选择的启蒙来自周围异性给予他的印象，有时候他还会受到艺术作品的影响。个体受到自身教养、环境暗示与影响，无法超脱地选择配偶。如对男孩子来说，他想找的妻子特征可能和母亲类似，因为母亲就是他理想异性的原型，若是母亲与他之间存在裂缝，他对爱情与婚姻的准备就会受阻，甚至会排斥异性。

丧失勇气的人在选择伴侣时，往往会选择社会地位和教育程度等客观条件远不如自己的人，这是因为他们害怕爱情与婚姻，他们不想合作，而只想创造一种受到伴侣尊敬的地位。婚姻问题的解决需要很多努力，不应为它增加额外的负担——不当的结婚目的，如经济的窘迫、事业失败的借

---

① ［奥］阿尔弗雷德·阿德勒. 活出生命的意义［M］. 柴晚锁，吴维中，译. 北京：北京大学出版社，2019：249.

口等。个体在童年表现出来的人际交往问题、对异性认知问题等，将会在面临婚恋问题时被强化和加深，有的人利用两性关系来满足自己的个人情结，这是荒诞可笑的，配偶成为其优越情结或自卑情结的牺牲品，社会上一些非常识能理解的择偶问题根源在此。

(二)适时对孩子进行婚姻与爱情的教育

1. 抓住爱情与婚姻教育的关键期培养孩子的责任

孩子在5～6岁时，其性格中对待爱情的主要处理方式已经定型了。孩子对爱情与婚姻的早期理解能够体现其所处环境的特征，会进入他对自己未来的构想中，因此父母必须对此有所了解，保持正确立场。进行这个问题准备的同时，我们还要从童年早期就开始进行关于性本能的教育。糟糕的性教育会导致孩子与父母之间的心理冲突，青春期的孩子可能难以客观科学地面对自己的本能需求，从而伤害自己的同时也伤害父母，因此要让孩子学会为自己负责，让他们明白，这个问题更关乎自己利益。这样的训练应当被约束于有价值的范围内，对社会有益的目标之内。

2. 帮助孩子建构正确的爱情观

阿德勒认为，一夫一妻制是最完美的制度。正确的恋爱观是平等的，是基于对对方的关心甚于对自己的关心，这样的亲密关系中，双方彼此忠诚，不管哪一方都不应该觉得受到控制和压抑，而会感到安全，自己是有价值、被需要的，让孩子意识到这一点非常重要。我们能够看到，现代社会里有很多不良现象，如在亲密关系内对伴侣的身心伤害等，为了让孩子将来免于这种伤害，父母都有责任帮助孩子树立正确平等的恋爱观，教会孩子如何避免错误，不能对这些负面的恋爱与婚姻事例避而不谈。父母应当让孩子明白，健康的恋爱关系不必一味纠结一方是否得到另一方的足够尊重，是否让另一方"矮人一截"，同时，另一方也需要正确地回应、关爱其伴侣。

3. 培养孩子的同理心

父母务必要帮助孩子跳出顾影自怜、孤芳自赏的感觉，只有具备社会情感的人才能为恋爱与婚姻做好准备。爱情与婚姻尤其需要同理心，这是一种设身处地为对方着想的能力。那些总想批评教育伴侣、过于敏感、对婚姻迟疑不决的人并未做好进入婚姻的准备。理想的伴侣要敢于面对并解决生活的问题，有自己的朋友，有一份正当的工作，平等地对待自己的爱人，能换位思考，用对方的眼光看、用对方的耳朵听、用对方的心感受。

在家里常受宠的孩子，在婚姻中会容易感受到被忽视，他很有可能变成一个"暴君"，因为他只知道要求对方关注他，而不知道付出自己的爱与关心，另一方会产生受虐感与束缚感。有的人不想为爱情负责，脚踩两只船；有的人会幻想一种不可企及的爱情，并沉湎其中……为此，孩子应当理解爱情与婚姻需要责任与承诺。正如阿德勒所主张的那样，这个社会或许存在诸多阻碍人们正确解决爱情与婚姻问题的因素，但我们不应因噎废食，而是要消除这些不利因素。

4. 父母和睦平等相处，为孩子展现婚姻的模样

孩子对爱情和婚姻的最初印象来自父母的生活，父母之间的相处其实就是孩子最直接接触的婚姻的模样，这不是要求父母刻意营造童话故事，编织一个精妙的谎言或者构筑一个虚拟的美好图景。孩子是聪明的，倘若他发现被欺瞒，哪怕是父母打着"为他好"的旗号，他也会因为被欺瞒而生气，并对爱情与婚姻感到失望。此外，矛盾与平淡都是爱情与婚姻的真实面貌，它涉及两人之间的磨合，哪怕是冲突也是具有教育意味的，父母可以以身作则地让孩子明白如何解决与伴侣的冲突。

家庭环境对孩子的健康发展至关重要，尤其是父母之间的关系。我们发现，一些恐惧婚姻、排斥恋爱的人存在着原生家庭问题，仔细研究就会发现他们中的一些人的父母关系并不亲近，如家庭充满争吵与矛盾等。父

母是孩子的榜样，父母对待彼此的方式、对待爱情与婚姻的方式也会影响孩子的婚恋观，因此，父母应该相亲相爱，恰当地表达对另一方的兴趣与关爱。

有些人在孩子出生以后，把关注点放在了孩子身上，这会让孩子感到压力巨大，也会让自己的伴侣感到被忽视。孩子不是以维持父母婚姻为目的而出生的，而是父母爱情的结晶，没有任何一个人能够忍受这种被忽视的感觉。所以尽管成年人已经拥有自己的孩子，但是哪怕伴侣事业成熟，或是已经步入中老年，仍需要向伴侣表达爱意，对此，成年人不必感到为难，因为向自己的爱人展示或者回应爱有千万种方式。

5. 对孩子进行恰当的性教育

许多家长对这个话题非常敏感，谈性色变，其实家长这样的态度，反倒会让孩子从别的途径学习到所谓的性知识，这样会更加危险，因为我们不能保证途径或是相关知识的正确与否。让孩子掌握科学的知识，除了让孩子了解自己的生长，理解母亲的辛苦，也会让孩子较早地建立性别意识，为性别认同打下基础，同时，还能够保护孩子，使他明白自己的隐私部位是不可以随便让别人碰触的。爱情与婚姻不是仅仅满足生物本能，进化的人类能够压制自己的欲望与意愿。父母要教会孩子为了其他人，应避免触犯对方，这是对其他人的一种保护。

对于性教育的时机，阿德勒认为不必太早，因为过早知道成人关系、早熟的小孩，会更加害怕爱情，也更容易犯错。等孩子对他是怎么来到这个世界等相关话题感到好奇时，再与他探讨。这个问题的关键在于决不要欺骗孩子，逃避他的问题，最好让孩子信赖父母，学会通过询问获得自己想知道的东西。当孩子表现出对于此类问题的关注时，父母不要过度惊慌，也不要过分强调这个话题，这里也包括不要人为地从精神上刺激孩子这方面的发展，如那些超越他认知水平的书籍、图片以及影像资料等；避免和大孩子同睡一床、一屋等。

除了相关科学知识外，性教育还包括对孩子进行男女平等的观念教育。只有在完全平等的前提下，婚姻和恋爱的问题才能够得到很好的处理。我们不应该过分强调一方是不是尊重另一方，关键是基本的平等交换关系。爱情的类型很丰富，可爱情自身并不能使问题得到解决，要想得到圆满的爱情与婚姻，就一定要让爱情走在正确的方向上，这需要建立一种恰当的平等关系。因此，父母需要对孩子进行男女平等的教育，这对孩子认可赞赏母亲角色的工作也非常有益。

第四节　典型案例

 【案例一】我必须"制裁"他

七年级下学期最后一节选修课结束了，小马回到教室后自言自语："这次我看还有没有人敢坐我的座位。"之前，小马就因为自己的座位问题而屡次发脾气，这次从他的表情和说话的语气，老师觉得有点蹊跷，发现小马在自己的座位上留了一张话语非常粗鲁无礼的小纸条。老师觉得这和小马平时开朗大方的性格有点不符，于是让他到办公室进行了深入的交流。原来每次上完选修课，小马的座位上都会收到"礼物"——上选修课的其他班同学留下的垃圾，小马觉得自己是个受害者，就想到了这个办法来警告。

小马父母学历不高，家庭经济收入也时好时坏。小学阶段的小马勤学好问，成绩优秀，性格开朗。进入初中后，小马的求知欲也越来越强，但父母却一直忙于为生计奔波，无论是在时间上还是在能力上，都无法解决孩子成长中遇到的问题和困惑。当小马要求家长给自己买书时，家长欣然应允，没有审核书单，没有考虑到一些"另类"书籍对孩子成长可能产生的影响。每每小马对一些伦理道德和人性问题提出疑问时，父母也是随意敷衍、简单一说，这就导致孩子对于人际问题的认知与行为出现偏差。

于是，遇到自己的书桌被别人放垃圾时，小马就自动把自己代入了"受害者"的角色，脑海里只有制裁和报复。当老师严肃地问他何为宽容，何为友善时，他含着泪不住地摇头。接着，老师告诉小马遇到这样的问题，可以向老师反映并寻求解决办法。

后来，小马的父母找到老师进行沟通，在老师的指导下调整了原来的教育方式。一方面，与孩子友好交流，共同制订适宜小马现阶段理解的阅读书单，并在语文老师的建议下，增加了一些中国经典的通俗文学，帮助小马了解中国传统文化。小马的父母也抽时间陪同孩子一起阅读，并共同分享阅读感悟，还会将书中的道理与生活中的人和事联系起来，重新建立小马对周边人和事的判断和认知。另一方面，小马的父母申请了学校心理老师的介入，做了专业的心理测评，并进行了一系列放松训练。小马向心理老师说出了他的许多困惑和迷茫，心理老师也给了他一些专业的解答，并告诉小马的父母要让孩子在这个年龄段多去感知世界。此后，小马的父母积极鼓励孩子多参加班级和学校的集体活动，在实践中发现别人的友善和友谊的美好。在周末和节假日，小马父母经常带孩子参加一些家庭聚会或者组织爬山等户外活动。

阿德勒认为，个体的行为是由个体的整体人格发动和指引的。每个人都根据他自己对事物的看法塑造自己。家长疏忽了孩子阅读的书籍会产生的影响，而当孩子在生活中表达困惑时，家长也往往忽视了孩子的感受，只当作无知幼稚的儿童语言。青春期的孩子需要家长和老师有敏锐的"触觉"，网络、同伴、校园环境、班级氛围、家庭生活以及孩子的阅读等都会对孩子的成长产生重要影响。因此，在孩子的成长过程中，家长的关注点不能浮于表面，应该是沉浸在教育环境内的。在本案例中，小马阅读的书籍引发了他内心的激烈冲突，他又得不到家长的正确解答，导致产生认知错误和行为偏差。后来，小马的家长在老师的提醒下发现了孩子的问题并及时调整，对小马多加引导与关注，这样既有助于开展家庭教育，也对孩子的成长起到了很好的导航作用。

（案例来源：成都高新区银都紫藤初中学校　龙凤元）

【案例二】学习究竟是谁的课题？

小雨是一名民办高中的高一新生，新生入学时她因成绩优异备受老师关注，与同学相处融洽，学习认真又自律。小雨在开学第一次月考中取得班级第一名的好成绩，但她似乎并没有因此感到高兴，每日仍在努力学习，丝毫不懈怠。在国庆假期后返校时，小雨一直没有回到班级，班主任询问家长原因时大跌眼镜，平时老师眼里品学兼优的学生，竟会不想上学，不知道学习到底是为了什么，觉得生活没有意义，找不到人生的方向。

班主任对小雨进行了家访，发现小雨家长"望子成龙"。小雨妈妈在交流时情绪很激动，不明白孩子为何会变成这样，并向老师哭诉，觉得"'鸡娃'是父母应尽的责任，生娃而不'鸡娃'是最糟糕的父母。我不愿意做这样的父母！"殊不知这只会让小雨觉得世界上只有学习是她唯一需要关心的事情，孩子因为考了第一名而开心分享时，妈妈会说："你每次都能考100分吗？"有朋友夸奖小雨好看时，妈妈会说："比你长得好看的人多的是！"这些话就像是一根无形的鞭子在小雨背后时时鞭挞着，使小雨无处可逃。日积月累，终于在国庆节放假期间孩子与家长发生冲突，一直以来的自卑、厌学、厌世心理爆发。

小雨妈妈之所以要求过高，是因为她将学习变成达到功利目的的工具，教育焦虑让她只关心孩子的学习，而对孩子本身的感受与体验、孩子的生活目标没有精力和能力给予关注，无法分清学习究竟是孩子的事情还是自己的事情。学校老师向小雨强调上学的意义是让自己变得有知识，劝解小雨妈妈不要对孩子太过苛刻。此后，班主任和家长一起经常鼓励小雨："你看你现在已经做得足够好了。"小雨终于逐渐摆脱阴影，开始消除对学习的抵触心理。

　　在案例中，小雨的母亲事事都要小雨听自己的，总觉得自己的决定是最好的，凡事都是自己一手包办。小雨妈妈不允许小雨有任何除学习以外的兴趣爱好，每天铺天盖地的卷子，各种假期补习班等，这些压得小雨喘不过气来。殊不知，适当放开有利于培养孩子独立做出生活决策的能力，父母应在孩子向自己求助或者孩子真正需要帮助的时候再向孩子伸以援手。给予孩子自主选择的权利，只有让孩子学会对自己的选择负责，才会让孩子懂得责任和承担。想要亲子关系融洽，父母就需要把自己和孩子当成独立的个体，各自在自己的轨道上去完成自己的事情，必要的时候可以相互帮助、互相扶持。例如，当孩子不想写作业时，母亲就会直接坐在孩子身旁盯着孩子写，其实孩子不写作业，带来的后果是成绩下滑，被老师批评，这是需要孩子承担的后果，因此学习是孩子的事情。孩子能不能全身心投入学习、能不能做对试卷是孩子的事情，从来都不是父母的事情。学习是孩子需要面对的课题，而教育引导孩子处理自己的课题才是父母的重要课题。

（案例来源：鞍山市文华学校　曹禄鹏）

第三章　教育孩子克服自卑心理

　　阿德勒理论中人们最耳熟能详的就是关于个体自卑感的理论。阿德勒认为个体会竭力发展有缺陷的器官或发展能补偿这种器官缺陷的其他功能，来克服器官障碍对健康发展的影响。在此观点基础上，阿德勒提出了"自卑感"概念，把理论的重点从生理自卑转向了心理自卑和社会自卑。"自卑感"是人类对生活中不完满状态的感受，包括对身体、心理和社会的困境的主观感受。如无法达成目标的无力感和无助感，对自己具备的条件、行为和表现的不满和失望等都属于自卑感的范畴。任何个体都会自卑，自卑既能毁灭一个人，也能成就一个人。有些人会深陷在自卑的泥潭中无法自拔，有些人会把自卑作为推动自身发展的动力。在家庭教育中，帮助孩子克服自卑心理，是应当引起家长重点关注的教育内容。

第一节　自卑心理是一种常见的心理现象

　　阿德勒认为，自卑感是人的行为的原始决定力量或向上意志的基本动力。在他看来，人生本来并不是完整无缺的，有缺陷就会产生自卑，而人对某些缺陷的补偿是自卑的重要内容和表现。

一、自卑心理的两面：自卑感与自卑情结

当我们询问个体是否觉得自己自卑时，一些人会回答："没有。"事实上，自卑感是一种十分普遍的心理现象，是我们每一个人都经常感受的情感，因为我们一直处于想要改善自身处境的状态中。自卑心理是一种由于低估自己而产生的负面情绪，这是人类与生俱来的，无人能够幸免。自卑感通常是指，由于自己在某个方面存在着缺陷，我们会错误地认为自己不值得被接纳和认可。没有人能够长期忍受这种牢笼般的自卑感，个体一定会陷入一种积极行动的紧张状态之中，如果保持勇气，我们就能改善处境，来摆脱这种自卑感。

事物是有两面性的，自卑心理也是。当自卑感阻碍了优越感的追求，到了令人难以承受的程度时，就会成为一种心理问题——自卑情结，这是一种病态的、不健康的状态。阿德勒将自卑情结定义为："一个人无法适应或没有足够的能力解决问题，并流露出某种信号坚持认为自己没有解决能力。"①

我们通过个体的行为观察其努力的意义，知晓其目标，但是要注意一种情况——孩子努力生活却放弃了改善处境的希望，他不是把自己变得真的能干强壮，而是使自己在别人的眼中"显得"厉害，这种具有自我欺骗性质的行为带来的是虚假的优越感，而这样的优越感无疑是海市蜃楼、昙花一现，真正的自卑感依然存在，成为个体心理中"一股永不消逝的暗流"，如此循环往复就产生了自卑情结。自卑情结是一种过当的自卑感，必然促使人去寻求可以轻易获得的补偿和富有欺骗性的满足。有自卑情结的人往往轻视自己，他们习惯性待在熟悉的环境中，不敢跳出舒适圈，以防备的

---

① ［奥］阿尔弗雷德·阿德勒. 生活的科学［M］. 苏克，周晓琪，译. 北京：北京大学出版社，2019：55.

心态对待生活，夸大生活中的困难，消解自身的勇气。自卑情结会随情况的变化而不同，比如一个人工作的时候一切如常，不会表现出自卑，但在与异性交往中就会手足无措。

自卑是人在追求自我价值过程中的一种必然反应，既能成就我们，也能摧毁我们。在成长中走出自卑的孩子，会逐步建立自己的自信；将自卑当成人生底色的孩子，往往深陷在"我很差"的痛苦当中。这些孩子的自卑情结，除了来自生活中的伤害，更多的时候是来自父母的养育。

二、自卑情结产生的家庭原因

自卑情结并非与生俱来，心理上的自卑感和自我中心不仅可以是身体缺陷造成的，还可以是与这些缺陷完全无关的环境造成的，父母胆小怯懦，孩子也可能胆小怯懦，这并不是因为基因遗传，而是因为他在充满怯懦的环境中长大。有的家长对孩子缺乏慈爱或管教太严，孩子就会认为生活是一场磨难，因而对周围环境采取一种敌对的态度。

(一)缺爱的孩子更容易产生自卑感

晓阳是一个很自卑的孩子，心里有一种念头："我不如别人，我的爸爸不爱我。"从小到大，爸爸对他的期望都很高，但是却很少教他如何做人做事。每当晓阳做得不好的时候，就会受到辱骂和冷嘲热讽，各种难听的话，就像是刻在了他的心里一样。他常常为了引起别人的关注而变得哗众取宠，这种做法又再一次强化了他内心的自卑。

一个人的自我认知，是通过与他人的社会互动而形成和发展的。对于孩子来说，父母就是最重要的"他人"，父母的评价和态度很大程度上决定了孩子对自己的认识，而父母的差评，无疑是一记"重拳"。这些在无爱环境中成长的孩子如果没有得到妥善引导的话，往往会以看待那些曾经伤害他的人的方式来看待别人，教育他们会被当作压制他们，嫉妒那些拥有幸福童年的孩子。只有当别人接受他们的控制，他们才会以友好的一面示人，现实生活中有一些人会情感控制交往对象，他们有时会乐于与温柔顺从的对象交往，可能并不是因为吸引力或是他爱这个对象。

(二)强势的父母容易养育自卑的孩子

家庭对一个人的影响是潜移默化的，也是根深蒂固的。不论孩子做什么事，强势的父母总会"挑三拣四"，认为孩子做得不够好，责骂孩子，将自己的孩子与别人的孩子做比较。孩子不仅得不到父母的认可，还会被否定。有些父母甚至会对孩子说"你怎么那么笨，这点事情还做不好，你还能干什么，某某某就比你强"诸如此类的话，孩子在父母的批评指责中慢慢地就失去了信心，心底里认为自己就是笨，不如他人。

有不少父母因为自己的性格比较强势，对孩子的行为、想法干预过多。比如，年幼的孩子在刚开始学习奔跑、攀爬的时候，有些父母担心孩子受伤，动不动就呵斥孩子不要到处跑跑跳跳，在孩子想要进行各种尝试的时候，总是进行制止。这样的做法，容易导致孩子没有安全感，对于很多事情都畏手畏脚，不敢尝试，担心父母的批评，甚至因此怀疑自己的能力，产生自卑情结，形成一种恶性循环。

同时，我们不能忽视的一个事实就是，家庭的物质条件会影响儿童对生活和未来的观念。家境贫寒的儿童比起家境优越的孩子而言，容易产生一种匮乏感。此外，父母婚姻的不幸福也会干扰孩子的总体发展。

三、自卑心理的表现

自卑感有数种表现形式，阿德勒列举了在孩子身上常见的几种现象。比如，有的孩子发现只要他一哭，父母就会满足他的要求，于是他变成了一个爱哭的孩子，用眼泪来驱使他人。爱哭的孩子身上也存在一种自卑情结，如果不加以教导的话，长大后的他们会毫不迟疑地承认自己的脆弱，无力照料自己。爱吹牛撒谎的孩子通过编造谎言使得他人相信自己的厉害之处，让别人钦佩来获得优越感，事实上，他们用虚假的事实堆砌出一种虚假的优越感，反映了他们极力掩藏、不愿承认的自卑心理。有的孩子对自己的行为与表达不自信，害怕陌生环境，总是想逃，认为只要能在自己的狭小生活圈取得成功就好了。

强烈的自卑感会表现为两种极端的行为方式，要么退缩胆怯，要么咄咄逼人，这两种表现表面上互不相关，实际上并无二致。为了追求他人的认可，有些孩子在别人与他说话的时候退缩屈从，明显地表现出一种不能应付环境的胆怯。傲慢、急躁、争强好胜的孩子身上也存在着强烈的自卑感，这种儿童缺乏顺从，将礼貌地回应别人当作一种屈辱行为，所以便傲慢无礼地回应；有的孩子表现得非常焦躁，这是因为他们急于克服困难，阿德勒认为如果一个人总是坐立不安、脾气暴躁，那么几乎可以断定他拥有较强的自卑感。

在阿德勒看来，俄狄浦斯情结也是自卑的表现，没有安全感的孩子把自己局限于家庭，不相信可以通过自己的努力获得情感，长大后"还会抓着妈妈的衣角过日子"，这些小孩是被母亲宠坏又被父亲冷漠对待的牺牲品。

我们可以观察孩子与人的交往能力，这与他有没有信心有关，人们总是在努力寻找一个能彰显自己的环境，所以非常自卑的孩子还表现在总是会远离那些比自己强的孩子，喜欢跟比自己弱的孩子待在一起，这样他们就能成为主导者，这是自卑感的一种反常表现，需要引起关注。

儿童对学校的态度和家庭作业也是很好的信号。如果孩子上学磨蹭拖拉、情绪激动，都表明了他对学校的恐惧，家庭作业做得不好和不耐烦都是儿童用来逃避上学的手段。阿德勒认为学校给学生打分数的做法并不总是值得提倡，差的分数对孩子来说就是终身的判决。如果孩子在学校没有完成任务，那么他更愿意被视为懒惰，而不是无能或者缺乏天赋。

　　此外，还有其他要素可以折射儿童的自卑感程度，比如，孩子在家庭中所处的位置对儿童性格养成产生的影响；职业选择显示了儿童的勇气和社会情感的发展程度及生活节奏；是否愿意公开谈论对自己的看法，有的孩子很少谈论自己是怕别人知道了自己的弱点，从而给他们造成伤害。我们还可以观察到个体充满矛盾的行为举止、犹豫不决的处事风格，好不容易迈出一步又缩回来，这正是强烈自卑感的标志。阿德勒认为，生活中常常有这样的人，他们会说"我本来是要……可是……""我原本就打算……但是……"这样的表达方式都代表着强烈的自卑感，不断怀疑却很少有实际行动。

　　如果一个孩子长到15岁还不知道自己想成为什么，就可以认定这个孩子已经丧失了信心，需要父母及时介入并给予帮助。总的来说，自卑心理会显示出一定的受限性行为，如与人隔绝、态度犹豫、害怕失败等。家长需要引起重视的，是孩子过度自卑。

　　比如，孩子过分在意他人的评价。在成长过程中，有些孩子因为需要得到别人的认可，而对别人的话变得更加敏感。他们在公共场合往往会顺从他人的意见，从而逐渐产生不必要的心理压力，日后更容易产生内心的情绪冲突。他们高度敏感，经常会因为周围人的言语而恼怒，比如当伙伴开玩笑说自己的裙子不适合自己时，第二天，孩子就会拒绝穿裙子上学。这一切的真正原因是孩子无法接受自己，因此他们别无选择，只能向外界寻求存在感和价值感。一旦他们意识到别人对自己的印象不好，他们就会为自己打上"坏孩子"标签。

　　又如，孩子经常说"我不行"。有位班主任老师鼓励班上某个孩子报名参加校运动会，孩子却直接拒绝说："我什么都不会。"老师问他："你还没试，怎么知道自己不会呢？"孩子很消极地回答："反正我都做不好，我一定会输的。"这种表现就是在自我设限，拒绝了所有的尝试，他认定自己不够好，为了避免最后失败，干脆不做任何尝试。孩子产生自我质疑后，他们只愿意做简单的事情，哪怕有些挑战完全是自己可以尝试的，但却常常把"我不会""我不行""我肯定做不好"等挂在嘴边。有时候不是孩子真的没有能力，而是他不相信自己有能力。

再如，孩子无法接受失败。有的孩子有极强的好胜心，过度追求表扬。玩游戏时，一输就耍赖，气极了还会打人；与小朋友们一起玩乐高，拼得没有别人快，马上就推倒不玩了。争强好胜的表现，恰恰反映了孩子爱比较的心态，而自卑往往就源于比较。在这样孩子的潜意识里认为自己不能输，渴望自己能有优秀的表现，他们担心如果输了，就得不到周围的认可。与其说孩子怕输，不如说怕不被爱。这种情绪的产生与父母的引导有很大关系。一方面，当孩子赢的时候，我们总是兴高采烈地夸奖他："你真棒！""你真聪明！""太厉害了！"让孩子失去了正确看待自己的能力。当下一次遇到不能马上解决的难题时，他会意识到自己没那么"厉害"，挫败感也会更深。另一方面，我们总和孩子强调"成功"：第一名有多风光、赢了比赛有什么奖励、比别人强有多优越……当孩子输的时候，我们又忘记告诉孩子该怎样去面对失败。最后孩子感受到：一旦我输了、失败了，我就得不到父母的鼓励了，可能就不再被爱了。对失败的难以忍受，变成了不被爱的恐惧，自卑的种子就这样悄悄埋下了。

第二节　自卑心理是一把双刃剑

自卑心理是一种不能自助的复杂情感，是驱使人追求优秀的力量，又是反复失败的结果。按照阿德勒的理论，所有人都会感受到自卑，但在一些人身上会引起精神病症，而在另一些人身上却产生了对成就的需求。

一、由自卑感产生的正向作用

自卑一定是坏事吗？阿德勒反复强调：自卑感并不异常，它是人类处境得以改善的根源所在。人们只有认识到了自己的无知，才有进一步学习探索这个世界的动力，才有科学进步的可能。对此，阿德勒甚至直言，人类的一切文化成果都基于自卑感。

(一)自卑感催生人与人之间的合作

我们都认同的一点是，人类不是全知全能的。在某些方面，人类甚至可以说是生存在这个星球上最弱小的生物，与强壮的生物不同，相对弱小的生物通常会相互联结成为共同体，一起对抗面临的风险挑战，而人类正属于这样的生物。可以说，为了能够更好地改善自己的命运，我们需要更多的合作。哪怕一个最富有合作精神与能力的成年人，也会面临生活的诸多难题，人类的幼儿期则更为软弱，需要长时间的照看与保护。如果一个儿童没有学会与人合作，他就会被动卷入一种悲观失望中。生活的三大基本问题只会不断要求个体交出更加完美精确的答卷，任何人都不能完全满足于自己已有的成就，这种匮乏感催生了合作。只有与人合作，我们才得以克服自身的各种不足与缺陷，才能真正改善我们的共同处境。

(二)自卑感带来改变的动力

由于人类的永不满足，我们永远也无法实现最终的完美目标。但是，生活的乐趣正是源于未知。试想一下，如果一个人对自己的未来完全可知可控，拥有一张关于明天的日程表，所有事件的发生都能被计算出来甚至精确到微秒，那么这个人还会对明天有所期待吗？除此之外，如果这世间的所有事物都是已知的，那么科学就走到了尽头，为人类提供美好想象的艺术与宗教也就失去了意义。所以，生命带给我们的不足感是一种幸运，我们负重前行，在克服困难和无止境的奋斗中，抓住机遇，实现自己的人生价值。

（三）自卑感激发追求优越

自卑感与追求优越密切相关，我们之所以追求优越，是因为我们感到自卑，试图通过富有成就的追求来克服这种自卑感。我们会看到有一些孩子小时候是惯用左手的，但是有些父母会对他的右手严加训练，使之变为一个所谓"正常"的孩子，这些孩子会因为自己惯用左手而往往感到自卑，长大后他们会更愿意用自己的右手来写字做事。对于他们来说，惯用左手这个"缺陷"让他们受到了更加精心的训练。阿德勒认为这对于发展孩子的艺术天赋和才能来说非常有利，因为处于这种情况的孩子拥有雄心壮志，他们为了战胜自己的"缺陷"而努力奋斗。

（四）自卑感刺激语言的发展

语言是个体社会化的结果。阿德勒认为语言之所以出现，是因为个体能力的不足，比如小孩子的需求没有得到满足时，他们就会发出一些声音引起父母注意。阿德勒发现一些孩子到六岁还不会说话，原因竟在于他们认为自己没有开口说话的必要，早在他们说话前，父母就会替他们回答或者替他们做好一切，因此他们根本不用讲话。

事实上，感到自卑对于一切人都是共同的，所以，自卑感的产生并不是懦弱或者异常的现象。实际上，这种情感是隐藏在所有个人成就后面的主要动力。一个人由于感到自卑才推动他去完成某些事业，在某人获得事业的成功时就能体验到一种成就感，但是与别人获得的成功相比较，又使他产生自卑感，这样就又激起他去争取更大的成就，由此反复，永无止境。我们常常会发现自己所处的位置是有待改进的。假如我们每一次都能勇敢地寻找到适当的办法来改进，就可以摆脱自卑感。

二、自卑情结带来的负面影响

　　尽管自卑心理会对个体成长起到一种激励作用，但是自卑心理的另一面——自卑情结也会导致某些精神病症。阿德勒以恐惧症为例，这种病症通常表现为：个体认为自己不能走得太远，必须待在熟悉的环境里，生活中充斥着危险，由于"我不能应对"，所以"我只能防着点"。因此，他把自己关在房子里或是待在床上不下来。拥有自卑情结的个体限制自己与外界的联系，躲在自我构筑的安全屋内，刻意与现实生活保持距离，殊不知这只是将真正的问题隐藏起来。面对生活中的各种问题，自卑的人通常都会拿自己的缺点和别人的优点相比，总觉得自己处处不如别人，看不到自己的价值，长此以往，就会产生一种悲观厌世的情绪。个体最彻底的退缩方式就是被自卑情结打击得心灰意冷，以致达到万念俱灭、百事皆休的地步。

　　对于孩子来说，他们最开始会对自己的缺陷非常关注，致力于攻破战胜自己的不足，但是如果与缺陷斗争的过程过于困难，他们很容易产生嫉妒别人的情绪，这样反而会形成一种更为严重的自卑感，长大后就会活得比别人更累。如果家长是强势严苛的，孩子会更容易生活在恐惧之中，时时担心父母是否会骂他，而无法将注意力集中在学习上，影响自己的学习成绩；孩子还可能会认为自己不配与他人做朋友，也不太喜欢和其他同龄朋友玩耍，从而抵触与人交流，只能羡慕别人玩；自卑的孩子性格比较"懦弱"，如果被同学欺负之后也不敢将这件事情告诉父母，害怕父母责怪自己，认为自己没用，从而贬低自己。

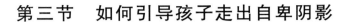

第三节　如何引导孩子走出自卑阴影

如何认识自己的自卑，并努力去克服困难实现自我超越？如果我们直接告诉孩子说"你不要自卑"，这反而会加重孩子的自卑感，并不能让他知道如何克服它。阿德勒强调家长必须找到孩子的生活方式所暴露的不足之处，在他失去勇气的时候鼓励他。

一、坚决要杜绝的错误做法

（一）避免标签化的断言与嘲讽

阿德勒认为在儿童教育中，最为严重的错误是，教育者对"离经叛道"的孩子作出负面的标签化断语。比如，有的孩子别的科目成绩都不错，但在数学科目上遇到挫折，就会被简单粗暴地说不适合学习数学，这就很容易让孩子丧失信心，认为自己不适合学习数学。"男孩比女孩更擅长数学"这个观点不仅有性别歧视，还非常荒谬，女性中也有许多优秀的数学家与统计学家，如果女孩经常听到这样的观点，那么她们自然就会对数学丧失信心。

"你就不是这块料""我果然没猜错，你真是差劲""你将一事无成"……如果父母自以为这样可以反向激励孩子克服困难，就简直太荒唐可笑了，这种名为"挫折教育"实为"打击式教育"，只会加重孩子的怯懦与逃避。将挫折完全等同于打击是不可取的，挫折教育重点不在挫折，而在正确的教育。它不是折磨和打击，而是让孩子要勇敢面对挫折，超越自我，不纠结于与"别人家的孩子"比较。挫折教育最好的方式是，和孩子一起直面生活中的各种挫折，培养孩子成长型思维，教孩子如何面对困境，给孩子以无条件的接纳、爱和支持。教育是爱与慈悲，当孩子的内心足够坚强时，才会有面对挫折的勇气。千万不要认为我们能通过贬损或羞辱来真正改变孩子的行为，心智相对成熟的成年人都会有无法承受压力而崩溃的瞬间，何况尚在成长期的孩子们呢！"苦难"并不值得炫耀，"挫折"本身并无意义，如何面对挫折、与挫折相处，才是教育的意义所在。

阿德勒在《儿童的人格教育》一书中讲道：一个孩子因不会游泳而遭到朋友嘲笑，他就奋力跃入水中。他看上去克服了自己的怯懦，但是事实果真如此吗？这个孩子为了维护自己的尊严，不惜铤而走险，他的纵身一跃是害怕失去朋友，看似克服的行为却反而加强了他不敢面对现实的怯懦。怯懦带来了一种个人主义与好斗态度，一个懦弱自卑的孩子若是永远受制于他人意见，成长于嘲讽、忽视之中，就如同生活在一个牢笼中，逐渐会形成多疑猜忌、妒忌自私的性格，当别人得到赞扬时，他们就会生出嫉恨。

(二)避免错误的教养方式

个体心理学不主张对孩子的教育过于严厉或过于温和，我们要做的是理解孩子，不断鼓励他们勇敢面对和解决问题，并发展他们的社会情感。对孩子过于严苛和挑剔的父母，往往会给孩子造成伤害，使他们完全丧失勇气；对孩子溺爱纵容的父母又会使得孩子缺乏独立性，形成依赖的心理。因此，父母要避免过分悲观和美化现实两种极端倾向，教育孩子尽可能充分地为生活做好准备。

祖父母在儿童的成长中也扮演着重要角色。有些老人怕自己年老不再有用，便尝试介入孙辈的教育，要么吹毛求疵，要么溺爱，为了让孩子感觉自己是重要的，便从不拒绝孩子们的要求，这就使得常在祖父母家中受到溺爱的孩子不想回家，抱怨家里不如祖父母家。

此外，父母要注意与伴侣关系的维护，因为家庭关系不和睦不利于孩子健康成长；要避免不尊重孩子意愿而一意孤行、过于强调节约、不停与别人家的孩子做比较等错误的教养方式。

二、引导孩子走出自卑的正确做法

(一)正确认知并识别孩子的自卑

教导儿童走出自卑带来的困境，首先父母要正确认识自卑，能够区分自卑感与自卑情结，并且通过儿童的生活方式识别其自卑原因，还可以通过孩子的眼神和行为来观察孩子是否自卑。很少有人能够直面自己的弱点，儿童也是如此，他们往往以否认的态度回答"你是否自卑"这个听起来似乎有些刺耳的问题。有些孩子还会回答："我比别人强多了，他们都不行。"阿德勒说，我们不用去问他们，只需要通过观察其举止便能推断一二。为此，他举例子说，如果看到一个人说话时，伴随有力的手势，则可以猜测，他认为"如果我不强调的话，我的话就没有力量"。在各种显示优越感的行为背后隐藏着自卑感，比如，有的人会通过挺直身躯、踮脚、穿增高鞋垫等方式来掩盖个子矮。阿德勒还谈到，表达自卑感的方式不胜枚举，他在《生命对你意味着什么》一书中说到这样一个故事：三个去动物园的小孩，见到狮子不约而同感到害怕，一个孩子躲在妈妈身后央求回家，另一个孩子站在原地浑身发抖说"我一点儿都不怕"，第三个孩子则恶狠狠地盯着狮子，问妈妈"我能向他吐唾沫吗"。① 事实上，这三个孩子根据自己独特的生活方式都表达了他们各自的害怕。

我们可以通过很多途径来辨别儿童的原型特征，原型总是在困难或陌生的环境中表现出真实的心理状况，所以，父母可以通过孩子在陌生环境中的表现来判断他的社会情感程度。比如，孩子刚入学，可以观察他在学校中表现的社会情感，就能知道他在真实生活中的社会情感，看看他是回

① ［奥］阿尔弗雷德·阿德勒. 生活的科学［M］. 苏克，周晓琪，译. 北京：北京大学出版社，2019：55.

避小伙伴还是与他们和睦相处，对于积极活跃的孩子，我们应深入其内心找原因，对于犹豫不前的孩子，我们就要注意观察他们之后的表现。

(二)帮助孩子增长勇气

历史上许多有杰出贡献的人物都不是完美无缺的，比如，贝多芬失聪后请人特制了一支小木棒，在创作时，他把小木棒的一端插在钢琴箱里，用牙齿咬住另一端，利用小木棒的振动，来"听"自己弹出旋律的效果。他不断训练自己，克服自己的弱点，通过听觉、绝对音感两种办法进行音乐创作，创作了规模庞大的《庄严弥撒曲》《第九交响曲》(也称《合唱交响曲》)等，表达了人民对于封建专制的反抗与斗争，对于自由的追求与渴望。

改善处境是摆脱自卑感唯一直接、现实和有效的途径，而做到这一点需要恒久的勇气。如果一个人丧失勇气、气馁妥协，他就不会采取积极行动来改善处境，那么他就依然承受自卑感带来的压力，产生面对生活的无力与无助。因此，"躺平""装睡"不是问题的解决之道，相反，由于问题产生的情境没有变化，只会加重个体的自卑感。对于自卑的孩子，阿德勒认为首先要鼓励他们，使他们相信自己的力量与天赋，与他们建立友好的关系，而不是用严厉的态度恐吓他们，绝不能对那些早期生活风格中存在的错误进行批评或者惩罚，否则就会令他们失去勇气。如果孩子在某一门科目上获得成功，父母就应该在此基础上鼓励他们在其他科目上提高成绩。

(三)建立友好关系，教导孩子自立自信

某一特定的缺陷并不总是导致相同的后果，个体的生理缺陷与糟糕的生活风格也不见得存在必然的因果关系。在心理学家看来，从来不存在纯粹的生理缺陷或者绝对的因果关系，换句话说，导致不良后果的往往不是生理缺陷本身，而是个体对待这些缺陷的态度。

有些孩子丧失信心是暂时的，比如，总是充满雄心壮志的孩子，他们会因为自己的学业成绩下降，就在一段时间内放弃努力，变得焦虑不安，

如果家长没有在此时介入，没有使他们及时消除这种气馁，这些孩子就会流于喜新厌旧，做事有始无终，只要遇到困难就轻言放弃。父母应该借助与孩子之间友好的关系，来激发他们不断取得更好的成就，着力于培养孩子的奋斗精神，鼓励他们与自己内心深处的自卑感进行斗争。阿德勒认为，要做到这一点，我们必须避免扼杀孩子们的独立性，使他们自立，让他们对自己的精神与身体力量有真正的了解并感到自信，完全可以通过勤奋、毅力、练习与勇气来实现自己规划的美好生活。

（四）教会孩子适应社会生活

自卑感往往起源于社会适应不良，社会训练就成为克服自卑感的基本方法。人类的社会生活始于个体的软弱，个体身上最强烈的倾向之一就是参加各种团体，成为团体中的一员就不必孤军奋战，这种社会生活方式对个体大有裨益，因为它能很好地帮助个体消除窘迫与自卑。父母应该把孩子的生活看作一个整体，考虑其社会关系背景，通过孩子与父母、家庭的关系来理解孩子的生活风格。在一个和谐的社会中，个体的某种能力应该得到发展，而他的缺陷也应该得到弥补。因此，孩子需要学会如何与他人和睦相处，通过群体生活来减少某种能力缺陷对个体造成的影响。

我们还要根据孩子在社会中所处的位置来分析他的社会适应能力。如果孩子不是在正常的社会生活中成长起来的，那么他在以后的生活中就会害怕在公共场合讲话，变得"怯场"甚至"社交恐惧"，所以父母绝不能成为孩子表达的代替者，相反，更要帮助孩子判断表达场合适用的方式，支持孩子勇敢而合理地表达自己。

（五）通过常识提高儿童的社会情感

阿德勒指出，社会训练与常识直接相关，常识是社会群体的智慧结晶，而人依靠常识解决问题。如果不面对环境和他人，孩子就只能由自己来评价自己，按照自己的语言逻辑来行事，但这很容易与社会评价体系不相兼容，甚至产生冲突，得不到好的结果，长此以往，就会对自己解决问题的能力产生怀疑。

哪怕是一个了不起的哲学家都要在独处之后接触社会，才能继续成长。可见，接触社会并积累常识对孩子的发展至关重要，所以父母有责任让孩子理解常识，激发他们对社会事物的兴趣，让孩子懂得在社会中事情的实际结果和个体应该实际付出才是最重要的。

(六)抓住克服缺陷时的教育良机

面对处于不利情形下的孩子，阿德勒认为要抓住时机发展孩子的艺术天赋和才能，因为这些孩子为了战胜自己的缺陷而努力奋斗，他们拥有雄心壮志。父母作为成年人知道他们应该怎样做来克服自己的缺陷，但是孩子不知道，因此父母必须用正确的方式向孩子解释清楚，而不是大包大揽或者任由孩子自己去摸索。

19世纪德国戏剧理论家古斯塔夫·弗雷格塔这样看待自己的弱视与散光："因为我的眼睛与别人不同，所以我只好训练自己的想象力，我不知是不是因为这个我才成了一名作家，但不管怎么样，因为视力问题，我才能在幻想的世界里看得更加清楚。"[1]

(七)把孩子从敌意中解放出来

如果一个人通过贬损他人来超越他人，那么这是他虚弱的表现。一旦儿童出现对他人抱有敌意的苗头，父母就有义务把他们从这样的敌意中解放出来，绝不能任由这种敌意滋生出的性格生长。父母应该秉持这样的教育主旨，即向儿童指出问题所在，告诫他们必须通过努力来获取他人的尊重，教育他们不要蔑视别人，即使别人做错了事情或者学业成绩不理想，

① ［奥］阿尔弗雷德·阿德勒．生活的科学［M］．苏克，周晓琪，译．北京：北京大学出版社，2019：26．

也要加强与同伴之间的友好感情，与周围的环境、生活达成和解。

（八）帮助孩子合理、真实评价自己

一些孩子过于看重自己，另一些孩子则认为自己"一文不值"。其实孩子对自己的看法主要源于周围人对他的评价，很多孩子会被"你怎么这么蠢"之类的否定性责备刺伤，要么自暴自弃，通过贬低自己来实现自我保护；要么激烈反抗，把叛逆当作自己的武器。我们可以通过孩子面对和解决问题的方式方法来观察他们的自我评价，是优柔寡断还是自信果决。如果孩子经常听到"你太小了，你不能……"之类的说辞，所有这种印象都促使孩子认为，他的确处于一种弱势地位。

孩子对外在现实以及他与外在现实关系的看法，决定了其自身的发展。我们应当以孩子的视角来看待他的处境，掌握他为什么产生错误判断，并理解他们。此外，不要幻想孩子的行为不会出错，不要期望他们能够按照成人健康的理智来行动，如果孩子不犯错，那么孩子教育何来的空间呢？任何一个挫败都会促使孩子认为自己软弱无能，因此，家长应该帮助孩子正确地认识自己，合理地判断自己的处境。

（九）耐心对待孩子的错误

阿德勒谈到，如果孩子多年来都沿着错误的方向行进，那么就不要寄希望于一两次轻描淡写的谈话就能改变他。面对问题孩子需要父母有十足的耐心，并要做好"孩子的改变过程存在一定的反复性，是循环上升的"类似的心理准备。阿德勒还提到，教育最好的方式是让他们通过经验而学习。如果孩子取得了进步又出现反复，父母就要向他解释清楚，进步不是一蹴而就的，这样的现象非常正常，可以以自己或他人的成长故事为例，让孩子理解，从而避免他们陷入焦虑无措的情绪。

第四节　典型案例

 【案例一】我终于可以抬头挺胸了

秀秀是一名身材娇小、面容清秀的女孩，小学毕业就考进了当地最好的初中，在新环境中她的成绩依然名列前茅，多次获得优秀学生奖学金。但是她在公共场合不敢发言，在课堂上回答问题时也会面红耳赤，常常一个人躲在角落拼命做题、背书，不愿意与人交往。老师找她谈心，表达对她的关心与爱护，但她总是沉默。

秀秀身患先天性脊柱侧弯疾病，在小学的时候症状不是很明显，她并没有感觉到自己与同学有何不同。进入初中之后，随着年纪的增长，身边的同学都在不断地发育长高，她却一直没有长高，而且背上渐渐被侧弯的脊柱撑出了一个大包（俗称"罗锅"）。身体上的变化让秀秀变得非常自卑，她常常会翻看自己小学时的照片默默流泪。她在写给老师的周记本中多次抱怨父母不愿意带她去做手术治病，埋怨他们只爱漂亮的姐姐而不愿意在自己身上花钱。秀秀经常和父母吵架，要求父母带自己去医院看病。她在与同学相处中也十分敏感，常常因为一些琐事与同学发生争吵。

其实，秀秀的父母并不是舍不得花钱给她做手术，而是先天性脊柱侧弯的治疗需要对脊柱进行拉伸重组，必须等到孩子发育基本完成之后才能保证手术的成功率。父母本计划等她八年级之后再带她去医院做手术。尽管父母多次向她解释这件事情，但是她并不相信父母，而是钻进牛角尖，久而久之父母就放弃沟通，认为时间到了秀秀自然就懂了。

后来，在老师的帮助下，父母经常从轻松愉快的话题入手，告诉秀秀身体的疾病所带来的问题并不是她的错，也不是其他人的错，不应该迁怒于他人。医生也告诉秀秀这种疾病是可以治疗的，而且成功率很高，只是一定要等待合适的时机。通过耐心沟通与交流，父母让秀秀明白父母对她的关心与爱护并不比姐姐少。同时，老师教育班上的其他孩子不可以嘲笑同学身体上的缺陷，让他们意识到自己的嘲笑行为会给别人带来伤害。

八年级之后，父母给秀秀办理了休学手续，陪她做手术治疗。经过一年的努力，秀秀逐渐完成了生理与心理的蜕变，身体长高了，背也挺得很直。返校读书之后，秀秀遇到曾经的老师和同学总是很自信地打招呼，她说的最多一句话是："我终于可以抬头挺胸了！"

自卑情结是个体对自己能力和品质评价偏低的一种消极状态。自卑的产生，往往并非因为认识上的不同，而是感觉上的差异，从而对自己、对客观世界产生质疑"我为什么会这样""上天为什么对我这么不公平"等。补偿心理则是一种心理适应机制，个体在适应社会的过程中总有一些偏差，以求得到补偿。这种补偿，其实就是一种"移位"，即为克服自己生理上的缺陷或心理上的自卑，而发展自己其他方面的长处，赶上或超越他人的一种心理适应机制，正是这一心理机制的作用，自卑感就成了许多人超越自我的动力，成了他们超越自我的"引擎"，而"生理缺陷"越大的人，他们的自卑感也越强，寻求补偿的愿望就越大，成功的机会就越多。人无完人，在教会孩子自我补偿的过程中，家长还须正确面对孩子的缺陷。

此外，家长要主动联系老师，了解孩子在学校的情况，并且把孩子在家的表现及时反馈给老师，共同研究产生问题的原因，及时消除与孩子之间的误会，让自己能够充分参与问题解决过程中。对本身就有生理缺陷的孩子应该多关心，给孩子创造一个良好的学习和生活环境，要让孩子感受到来自父母的温暖和关爱。但是，要让孩子觉得自己并不是因为被同情而受到关心与爱护，同时也要平等对待其他孩子。

（案例来源：四川省雷波中学　何平）

【案例二】需要被关注的小雨

小雨是一名二年级学生，学习成绩中等，性格脆弱敏感，平时脾气暴躁、目中无人甚至不听老师的劝告，经常与同学发生矛盾。有一次，小雨与同学发生争执，动手殴打了另外一名学生，还诋毁老师不公正，导致家长与老师产生矛盾。

小雨有一个弟弟，弟弟没出生时她是备受父母宠爱的"小公主"，但自从弟弟出生以后，她认为自己总是不被关心的那一个。小雨的爸爸常年在外出差，自从有了弟弟，爸爸对小雨不再事事满足，爷爷奶奶因为重男轻女思想更疼爱弟弟。在小雨需要家人帮助时，家里人总说"自己解决"，日积月累导致小雨生活风格出现问题。

小雨在家里长期受到忽视而变得敏感自卑，这种自卑感逐渐演变为自卑情结，让她觉得不管是在学校还是在家中都无法受到关注。她希望得到别人的关注，于是她就通过撒谎、打架来引起老师的关注。在家中也以自我为中心，为了得到父母的重视，她找各种理由让父母带她去医院检查。

对待这类孩子，一味地批评教育是不能解决问题的。老师跟家长沟通后，推荐了阿德勒家庭教育的一些书籍和资料，小雨的父母开始认真学习家庭教育相关知识，并且与老师积极讨论小雨问题的解决办法，对小雨的关注也多了起来。经过一段时间的家校合作，小雨有了很大的改变，性格沉稳了许多，对弟弟的敌意也少了很多，能跟父母心平气和地坐下来沟通，在学校也有了很多好朋友，也成了老师得力的小助手。

在本案例中，因为父母对她的态度转变让小雨感受到心理落差，她就慢慢形成了"好斗"的习惯。小雨的一系列行为都是在表明她想被重视，她焦虑、压抑，于是想通过各种方式引起父母、老师、同学们的注意，这也就让别人感受到她激动的情绪、脆弱的性格、易怒的脾气等，从而认为她是一名"坏学生"，其实她只想被关注，但是不知道她的一系列行为是不可取的。

一般来说，生活风格上出现错误的儿童，很容易在家长和老师面前暴露出错误来，发现错误的生活风格后，家长首先要采取措施，然后与教师配合一起观察和注意孩子的生活表现，了解孩子的想法，加强疏导和引导。父母是孩子第一任老师，也是教育者，所以父母应该在教育问题上不断学习，与学校一起努力，为孩子成长奠定坚实的基础，成为孩子成长强有力的后盾。

（案例来源：济南市天桥区京师实验小学　朱睿）

第四章　教育孩子追求优越

追求优越是阿德勒个体心理学的核心，也是支配个体行为的总目标。追求优越是人的天性，人们会天然地追求成功和优越感，这源于人的自卑。如果我们不感到自卑，或者不处在"下游"，就不会有超越当下的愿望。

第一节　追求优越是人的天性

孩子从出生起，伴随生活事件的发生而感到自身的不足，开始持续地寻求发展、完美和卓越。而追求优越的愿景虽然是无意识形态，却持续存在于人的脑海中，成为人们的一种生活方式。

一、人性的重要心理事实：追求优越感

（一）优越感是人类天性使然

阿德勒在 1912 年提出了"追求优越"的概念，每个人内心深处都有追求完美、卓越的倾向，并努力地实现相对应的成功目标，我们将这一能力和行动过程称为"追求优越"或是"追求优越感"，这是除了人格的统一性（个体在认知上与行为上的统一）以外，关于人性的另一重要心理事实。

自卑是与生俱来的，那么追求优越是否也是如此呢？个体心理学认为

并非如此，但是优越感具有一定的生物基础，与身体生长并行发展，是生活本身的一种固有需要。在讲自卑时，我们需要明白，人类的能力总是局限在一定范围的这个既定事实，但是我们更应该了解，人类也同时拥有某些可能继续发展和培养的能力，这是追求优越的生理前提，同时这也是个体人格心理发展的源泉。

(二)优越感是后天需求

个体优越感的目标依赖于个人赋予生活的意义，隐含于个体自身的生活方式之中，这种对优秀卓越状态的追求不是一成不变的，它伴随个体的成长而不断发展。在生命的最初阶段，"追求优越"主要是作为一种生命的潜能而存在，直到四五岁时，个体通过感受情感、捕捉暗示、摸索解释，来认知生命对自己意味着什么，在这种基本的自我意识的基础上，逐步确定了"优越感目标"。这是一个动态的目标，需要用一生来追求与完善。与其他目标不同的是，优越感目标没有人能够说得清楚、讲得明白。职业目标通常是个体优越感目标中的一个分支，然而，甚至是这样的分支，多数人都难以做到清晰化自身的职业目标，更别提庞大的优越感目标体系了。

人们对于优越感的追求永无止境，这种追求构成了个体的思想与精神。生活是达成某种目标或形成某种格局的过程，对优越感的追求促使我们把目标化成行动。虽然人人都有追求优越的意识，都会自觉或不自觉地追求这种"向上"或"优势"的目标，但是不同的人所追求的优越目标有所不同，每个人都有自己独特的优越目标。

二、优越的两种类型：优越感与优越情结

与自卑相同的是，追求优越也要注意区分"优越感"与"优越情结"。优越感是良性的，有助于个体为实现目标进行有益的行动。而优越情结则是不良的，是一种过度的优越感，容易使得个体过高地评估自我，相对而言

瞧不起他人，拥有优越情结的个体往往会与他人进行不良竞争，通过打压他人实现自身目的。

优越感是指个体在超越自身的过程中，以社会利益、社群价值为导向，树立起具有社会责任和社群情怀的优越目标，而不只是为了满足个人利益和私人感受。阿德勒相信，追求优越对人的发展是有益的，但是如果过分追求优越，只想获取个人的利益，而忽视他人和社会的需求，那么就容易产生优越情结。优越情结意味着一个人为了改变自身的障碍，包括器官缺陷和心理自卑，很少关心他人或社会利益，过度夸大自身的优点，通过贬低别人弥补内心的自卑。

三、补偿机制的诞生：自卑心理与追求优越

（一）自卑感与优越感

人人生而自卑。个体一出生就在为克服自身的不足、解决所遇问题而不断努力，人的心理总是充满着有活力的、有目的的追求。作为正常情感，追求优越与感到自卑是自然互补的关系，如果我们没有感觉到自卑，便不会想跳出当下处境，换句话说，对优越感的追求和感到自卑，是同一心理现象的两个方面，由此激发了个体做出行动改变的内驱力。优越感与我们未来的奋斗目标紧密相连，其过去则代表我们一直努力克服的自卑与不足，这就是为什么我们不仅探讨自卑心理的起源，还关注追求优越的延续性。

儿童和成人都有追求优越的冲动，因为无人能够长期忍受屈从与被轻视的感觉，不安全感与自卑感会唤起个体向上攀登的愿望，以获得补偿。儿童的部分特征是环境促成的结果，如果儿童在环境中感受到自卑与不安定，就会刺激儿童下决心摆脱这样的困境，努力达到平等甚至优越。阿德勒认为，孩子这种向上的愿望越是强烈，他就越会制定高远的目标证明自

己的力量，尽管这些目标可能会超越他自己的能力。这些目标不仅能体现个体对其所遇困境的弥补方式，还能看到他对试错举动的排斥，以及对自身障碍的突破与超越。

(二)自卑情结与优越情结

优越情结与自卑情结是紧密联系的，自卑和优越加上"情结"一词以后，就代表一种过当的心理状态，这两种概念并不矛盾，这两种倾向可以同时存在于一个人身上。我们往往能在自卑情结中发现隐藏的优越情结，在优越情结中也常常发现其中隐藏的自卑情结。比如，如果深入研究有优越情结的儿童，他们一般表现出无礼、自大，总是让自己看起来比实际年龄大。因为他们感觉自卑，不确定自己是否足够强大到能够实现自己的目标。他们在努力让自己看起来比实际年龄大，以此来获得成功感、自豪感和优越感。优越情结作为对自卑情结的补偿，尽管有时是隐匿的，但它必然存在。

自卑情结与优越情结有一点是相同的，就是都表现出了生活的无益面。拥有这些情结的人才会炫耀，因为他们觉得自己在生活有益的方面毫无竞争力，所以才会选择沉浸在那些无益的方面。比如，沉溺于妄自尊大的白日梦是自卑心理强烈的标志，这种心理会驱使受挫之人在现实之外寻找精神上的满足与陶醉。再如，恋爱有时会让人软弱、受伤，如果个体追求的优越是绝不软弱，那么他就会逃避爱情这种相互依赖的关系，他不相信爱情，也不会恋爱，只会通过嘲讽坠入爱河、走入婚姻的人来摆脱这种软弱感。

个体心理学认为，真正卓越的人对自己的内心有明确的认识和认可，他们通常会表现出更多的谦逊，"具有自卑情结的人采用优越情结作为一种逃避困难的一种方法。他会假定自己有优越感，用虚假的成功补偿其难以承受的自卑心理状态。正常的人没有优越情结，甚至连优越感都没有。"①因此，一定意义上说，真实的"优越情结"并不存在，这种表面的优越情结所表现出来的不过是内心深处的自卑情结罢了。

第二节　儿童追求优越的不同方式

追求优越感的方式非常多元，我们能借助儿童表现出来的、对自己的信心程度来区分儿童追求优越的不同方式，将其简单地划分为健康良好的方式与错误不良的方式。

一、健康良好的方式：优越感的体现

心理健康的儿童往往尊重师长、遵守秩序，会把自己对优越的追求转向对有用能力的发展，但可惜的是，仍有很多孩子并非如此。一个健康正常的状态是当自身的努力在某一方向受阻时，个体能为自己的努力找到更多的新途径，而不是紧盯着自己设定的目标说："我只能这样做，否则我将一无所有。"阿德勒说，在传统文化中，左撇子儿童一开始就会遭遇很多困难。但是我们经常会看到，在许多一流的艺术家中，很多人是天生的左撇子，他们通过强化训练，也获得了使用右手的能力。尽管到底是习惯用左手还是右手本身意义不大，但是它告诉我们：人的潜力与能力其实远超我们的想象，如果教育者吓唬他们，他们虽然能继续生活下去，但却对未来不再抱有美好的期望。

---

① ［奥］阿尔弗雷德·阿德勒. 生活的科学［M］. 苏克，周晓琪，译. 北京：北京大学出版社，2019：38.

二、错误不良的方式：优越情结的体现

（一）雄心过当

有些孩子总想把"优于别人"作为努力的首要目标，不达目的誓不罢休，这种追求优越经常表现出过分的雄心。在人类文化里，总是把雄心视为一种美德，并以此激励孩子。但可惜的是这样的想法并不完全正确，因为过分的雄心会妨碍孩子的正常发展，比如给孩子带来紧张心理。这类孩子能敏锐地感知家庭、学校对他们的期望，对给他们的任务，他们都带着必须有好结果的重负去完成，因为他们总想成为"众人瞩目的人物"。如此成长起来的孩子把得到他人的承认当作最终的结果，对外界的评价产生心理依赖，失去了别人的认可和重视，他们就仿佛无法继续生活了一样。

（二）过分竞争

雄心过当带来的直接后果就是过分竞争。过分竞争的儿童对自己的成功从来没有信心，当他们感到自己处于不安全的环境时，他们极易方寸大乱，不知所措。有时候，我们会发现两个孩子暗中较劲的情况，他们会表现出既妒忌又羡慕的样子。看到别的孩子处于领先位置时，他们会感到恼怒不已；当其他孩子受到赞扬时，他们会愤怒地走开；他们也从不会真的称赞别人……这类孩子尤其不能与玩伴友好相处，参与游戏时，他们总想成为领导者，并不愿意遵守游戏规则。这使得他们总以高傲的态度对待伙伴、朋友或是同学，不愿意与同伴产生接触，认为跟同伴接触越多，他们所处地位就越不稳定，也就体会不到集体活动的乐趣。因此，他们对优越感的追求逐渐偏离了对社会有益的活动，因为在这些活动中，他们难以获得他们追求的优越感。

（三）出于报复

个体心理学的基本思想是个体的人格具有统一性，即某一人格的行为

表现和个体所表达的行为模式是一致的，因此，我们绝不能脱离个体的人格来单独解释他的行为。阿德勒就此解读了所谓的"问题学生"，孩子之所以不想上学，是因为他追求优越的心理没有转化为对学校要求的遵守，而是表现为对学校要求的排斥与拒绝。于是，他表现出一系列行为症状，逐渐变成"不可救药"的样子，不仅没有进步，甚至还在退步。长时间得不到学校老师或是父母的认可，孩子就会产生自卑情结，而他又不愿意遵从主流价值观念（这里指学校或是家庭对他的要求），那么他能想出的一种肯定自己"优越"的方法，就是惹是生非，把自己视作对抗学校的"英雄人物"。这些孩子在课堂上调皮捣蛋，引人发笑；抑或激怒同学，旷课逃学，为的就是彰显他对学校要求的不屑一顾。阿德勒指出儿童若有偷窃或其他不良行为，通常都是出于报复。

（四）懒惰心理

懒惰，似乎和"所有儿童天生就在追求优越感"是矛盾的，但其实这个观点是有偏差的。懒惰的孩子事实上在享受懒惰带给他的好处，无需背负别人对他的期望；即使毫无建树也不会有人过多指责他，因为他"本来就懒"……他周围的人为他操劳本属于他们的义务，他要做的就是坐享其成。我们常会听到家长或者老师说，他要是不这么懒，能做成好多事。所以有些儿童把自己的无所成就归因于懒惰，因此也心安理得，这对他们来说是一剂安慰针，成了一种成就补偿。这种带有欺骗性的话语让他的毫无成就有了充足借口，只要他稍加努力获得一些进步，哪怕极其微小，也会得到家长或老师的赞扬。为了避免伤害其自尊，人们对于懒惰者的批评总是更温和的，这样一来，懒惰就成为自卑者的屏障，同时也是一种阻碍。除此之外，哭闹、装病等也都是他们获取特权的借口。

第三节　家长如何引导孩子正确追求优越

阿德勒强调，每个孩子都追求优越感，教育者的任务就是把这种追求引向有益的方向，在此过程中，必须确保孩子对优越感的追求能给他们带来精神健康和幸福，而不是精神疾病和错乱。①

一、必须要规避的错误方式

(一)避免对孩子产生过高期望

阿德勒指出，人们更为关注可见的成就，而不看重全面而彻底的教育，常以客观意义上的成功来评判孩子们，而不会根据其面对和克服困难的能力来评价他们，这造就了一批雄心过度的孩子。

很多孩子能非常敏锐地感知到来自家庭的期望，过高的期望是非常危险的事情，只能带给儿童无尽的压力。在过高的期望下，孩子很容易产生过度的雄心，他们在面对困难时的感受完全不同于那些拥有适当、健康期望的孩子面对困难的感受，过分的雄心会葬送孩子对自我的信心，丧失面对与解决困难所需要的勇气。父母应该以身作则地教会孩子，不要只关心当下的结果，面对问题的出现，保持心理平衡远比急着解决问题更为重要。

(二)避免过度关注孩子

许多教育方法实质上助长了孩子的惰性，家长越是将关注点放在孩子的懒惰方面，就越容易对他们能力的问题视而不见，因而整日为他们操

---

① ［奥］阿尔弗雷德·阿德勒. 儿童的人格教育［M］. 张庆宗，译. 上海：华东师范大学出版社，2017：49.

心，这正中他们下怀。阿德勒说，即使是最严厉的惩罚，也不能使一个懒惰的孩子变得勤快，只有改变孩子的处境，他才会发生真正意义上的转变。对于那些对未来缺乏信心的孩子来说，家庭过分关注与同情也不利于他的成长，这只会让他进一步满足于依赖别人，通过做错事吸引别人的关注来保持自己的"优势"，相反，家长应该学会在适当时候放手，不要让孩子成为"世界的中心"，重视培养孩子的独立性。

(三)不要急于评价孩子

父母是孩子的重要"他人"，必须谨慎地评价孩子关于优越感的过度追求，尽可能鼓励孩子多做尝试，而不是紧盯实现目标的某一种方法、某一个方向，"曲线救国"也不失为一个好方法。

二、正确引导孩子追求优越的方式

(一)了解孩子对于优越的渴望

儿童对优越的渴求与其性格特征关系密切，例如争强好胜，家长可以通过孩子对优越的渴求和明显的性格特征来观察他的雄心。如果一个孩子迫切地想自我肯定，那么他很容易就表现出嫉妒心理，面对与自己同台竞争的人，他会希望竞争对手犯错，阿德勒甚至直言这样的孩子会造谣中伤他人，以贬损同伴来抬高自己的价值。如果孩子想获得权力的欲望强烈，他会表现出报复心理，这样的孩子通常是挑衅好斗的。

家长可以通过游戏中孩子的表现来观察孩子，具有强烈追求优越心理的孩子倾向于在同伴中扮演领导者角色，如果没有成为领袖，他就会捣乱干扰别人。假使这样的孩子接二连三地受挫，他在下次面对新的情境时就会变得退缩。那些尚未气馁的孩子则乐于参与各种竞争性的游戏活动，尽管他们遭遇失败时也会不知所措，但是他们并不畏惧失败。

父母还可以从孩子喜欢的故事与人物中看出他们自我肯定的方向与程

度。比如，有的孩子将动漫中的超级英雄当作自己的偶像楷模，认为他无所不能，是一个能够保护他人的英雄，那么这个孩子就一定希望自己也具备无坚不摧的能力，保护自己，也能保护别人，他为自己塑造了一个"英雄形象"。但同时也会认为这个超级英雄颇具个性。由于孩子认知的局限，那么他可能只想要独具特色，而忽视与他人合作的重要性。

(二)帮助孩子合理设定目标

个体在小时候总能够获得来自各方的支持和帮助，这可能会让孩子设想自己成为一个无所不能的人，注意，这不是真正的自信。有些孩子只在乎成绩，所以花费大量时间在书本上而忽视其他活动，家长却以这种做法为傲，夸赞这是孩子自觉，但却不知这会使孩子回避除了学习之外的其他发展任务，在这种情况下，孩子的身心难以获得健康发展，因为孩子把他们追求优越感的重心仅仅局限于超越他人，并由此来安排他们的生活。心比天高但一时受挫很容易使孩子心灰意冷，当生活承载不了他过高的期望，不能在生活中的积极方面寻得一席之地时，他就会转向生活中的消极方面。阿德勒建议父母要不时提醒孩子经常出去走动，呼吸新鲜空气，多与同伴玩耍，关注其他更有趣、更有意义的事物。

在阿德勒看来，每个人都是独一无二的，其所处的环境也不一样，人生的追求目标也多种多样，但是只要优越目标伴有一种高度的社会感，目标就不会有什么大的偏差。阿德勒从总体上将这些追求目标归纳为六个方面：

1. 快乐。阿德勒认为快乐是人追求的一大目标，儿童拥有快乐的童年，才会健康成长；个体拥有快乐的心理，才会与他人建立良好的人际关系。

2. 道德。阿德勒扩大了道德的影响范围，他认为忠诚、正直、善良等品质也是个人追求的目标之一，成功人士身上都拥有这些品质。

3. 权力。早年的阿德勒认为追求权力是人生发展的根本动力，他强调只要拥有权力，个体才能摆脱自卑心理，过上真正有意义的生活。在其晚年，他提出只有为社会谋取福利，促进社会的发展，对权力的追求才可取，才能用好权力。

4. 财富。劳动创造财富，也创造了人本身。阿德勒认同劳动促进社会发展，人们会使用祖先遗留下来的知识和资源为自己创造更好的生活。

5. 成就。人们都想用自己的成功来证明自身的价值，取得成就是补偿机制的结果。

6. 创造。阿德勒相信，人总是在追求完美，而艺术正是创造美的主要手段。因此，人们可以通过艺术来表现自身的价值。而艺术需要人的创造性，只有通过发挥人们无穷的创造力艺术才会达到完美的境界。

(三)要理性地看待考试

阿德勒认为，考试必须适应学生的特点，考试对每个学生来说意味并不相同。有些孩子会将考试视为人生最艰巨的事情，他们害怕回答问题，结结巴巴，大脑空白，认为考试会暴露他们的无能，因而恐惧考试。其实这样的想法大多源于家长、老师赋予考试的价值，许多家长紧抓孩子需要考试的学科科目的学习，一些教师也以学科科目成绩来简单地区分"优生"与"差生"。

成绩较差的孩子追求优越感的心理并不弱于那些成绩优异的孩子，只是他们把注意力转移到去做其他不需要太多努力的事情上去了，在他们眼里，这些事情比较容易获得"成功"。虽然他们不精于数学，但是他们可以成为运动场上的健将，家长千万不要认为非考试科目"没用"，而轻视孩子在这些方面的成绩，而是要从孩子某一方面的长处出发，把这些领域的成就当作教育的突破口，鼓励孩子在其他领域追求同样的进步。阿德勒强调，除了天生智力有缺陷的孩子以外，所有孩子都具备取得学业成功的潜力，教育者要清除这些人为设置的障碍，就是避免将抽象的成绩作为最终的评判标准。

(四)鼓励孩子即便在不如意时也要继续努力

孩子不明白自己的真实处境，如果没有人正确引导他们如何去克服困难，他们继续努力和把握自己的当下就会有相当的难度，所以他们会放弃努力。很多困难都是可以克服的，不经努力获得的成功极易消逝，通过人为训练来使得孩子总处于一种雄心勃勃的状态并无益处。相反，更为重要的是培养孩子的勇敢、坚韧和自信，要让他们认识到，挫折是一个很好的成长机遇，真正的脆弱愚蠢是放弃而不是跌入谷底。如果父母能够判断孩子在某个领域的努力是否有效，能够确定孩子是否尽了最大的努力，那么这对于孩子的成长和发展就更为有利。

孩子的自我低估并不完全是他们自己的责任，周围的环境起着推波助澜的作用，家长在怒不可遏的时候会骂他们愚笨无用，生气地说出"这辈子也就这样了"的断言，那么孩子们在学校的表现似乎也在证实这些责骂。如果孩子因为这些言语而表现出"受伤"，有些家长还会火上浇油地说他们"太过敏感了"，却忘记仍在成长的孩子缺乏一定的判断能力与分析能力，没有足够的能力与信心来纠正这种错误评价，所以他们往往在努力之前就先自我放弃，把失败看作无法逾越的高峰，归因于自己的无能，彻底"认命"。

(五)减少苛责，温柔对待

一些孩子对优越感的追求最初表现为争强好胜，如果其他儿童已经远远超越他们，那么争强好胜的孩子最后会选择放弃争强好胜。对此，许多家长只会一味地采取非常严厉的教育手段，希望以此来唤醒这些孩子沉睡的雄心。阿德勒认为，这种方法所起的效用非常有限，仅对仍保有一丝丝勇气的孩子短时间奏效，并不宜普遍使用。对于那些学业成就感本就不高的孩子而言，父母严苛的教育会让他们更加不知所措，成为父母、老师口中的"笨蛋"。但是，如果父母能以温和、关心和理解的态度对待孩子，他们则会令人吃惊地表现出一些我们意想不到的智力和能力。得到鼓舞的孩子能从懦弱变得勇敢，因为害怕回到原来的状态，他们就会更加努力地维持现状，他们以往的生活方式和无所作为将不断地鞭策着他们前行。

（六）培养儿童的社会情感

有益的优越感以符合社会利益为基础。阿德勒指出，那些我们认为是高尚和有价值的行为，都兼具个人价值与社会价值。因此，教育孩子就是要加强孩子自我认知与社会认知的一致性，培养他们这种社会情感。社会情感匮乏的儿童往往会因为追求的优越感和社会价值相去甚远，成为"问题孩子"。正如"有一千个读者就有一千个哈姆雷特"一样，每个人对于什么是对社会有益的事情看法存在差异，但不管是谁都不能否认的是，必须从某一行为的结果来对它进行价值判断，看是否符合社会需要。因此，父母必须教育儿童把他们的生活看作一系列相互关联事件的集合，将自己的生命视为一种贯穿这些事件的线索，一旦他们偏离了对社会有益这个方向，他们便难以从消极的经验中获得积极的教训。只有他们结合整体生命的背景来理解问题的意义，才能够洞察他们偏离正道的原因，找到他们追求优越感的正当途径。

第四节　典型案例

【案例一】壮壮的"变形计"

壮壮原本是家里的独生子，父母宠爱有加，日子过得很幸福，但在他4岁那年，妹妹出生了，他觉得"家庭地位"直线下降。16岁的时候，壮壮在一所民办高中就读，他在学校的表现越来越差，经常打架斗殴，甚至顶撞老师，班主任三番五次找家长谈话都不见效果，父母也拿壮壮一点办法都没有。

壮壮在校打架、顶撞老师从而故意激怒父母，他还嫉妒妹妹、上学忘带作业、课堂上不认真听讲……如果脱离整体的人格，去看待壮壮这些单个的行为表现，是没有任何意义的。其实，磨蹭、拖延、丢三落四等，反映的是壮壮对学校生活的不适应。吵架、斗殴、和同学起冲突、对老师顶撞无礼，是壮壮为了夺回父母关注的手段。沉迷网络游戏，则是自我保护机制形成的错误认识："我学习不好，是因为我打游戏，如果我不玩游戏了，我就会成为最优秀的学生。"这样想，让他感到舒服，不想做出改变。像壮壮这样的孩子通过"走捷径、走歪路"来证明自己存在的价值，这就是一种"优越情结"。

壮壮妈妈看在眼里，急在心里，老师建议她在日常生活中能够多关注孩子的生活状态，多鼓励孩子，不要因为孩子成绩差就看轻他。壮壮妈妈反思了自己自从二孩出生后，有时候由于精力达不到确实忽视了壮壮，觉得壮壮长大了便能理解父母的苦心。于是，她找到壮壮推心置腹地谈了很久，为之前的做法向壮壮诚恳地道歉，对他说"请再给爸爸妈妈一次走近你的机会"。从那次坦诚的对话后，壮壮父母开始带着壮壮去打羽毛球，妈妈还请壮壮陪自己去逛街，给自己买东西做参谋，壮壮最开始还是比较抵触的，但是后来也逐渐参与家庭生活，发展起了一些有益身心的兴趣爱好。

在学校里，班主任让壮壮担任了班级劳动委员，交给壮壮做些帮助同学的事，一个假期后壮壮妈妈反映孩子的变化很大，对妹妹也没有那么大的敌意了，开始对学习感兴趣，一切都在朝好的方向发展。

拿孩子没办法，是再正常不过的事。我们唯一能做的，就是永远不要粗暴地对待孩子，始终鼓励他们，哪怕孩子犯了错，这是家庭教育最好的时机。但通常情况是，当孩子表现不好时，我们会惩罚他们。对年龄越大的孩子，简单粗暴的处罚越是不管用。所以，正确的做法是，在合理的范围内，让孩子从经验中学习。只有确保引导孩子的不是他人规定的限制，而是事实逻辑，才能鼓励和支持孩子对自己产生价值感，从而重拾信心。

优越情结和自卑情结是一体两面，都是不恰当的心理状态。父母要引导孩子对优越感的追求沿着有效、有益的方向展开。要知道，孩子之所以产生优越情结，实质上是为了获得背后的价值认同，做一个有用的人。但他们往往不能很好地判断自己选择的方向和方法是否得当。同时，"向他们解释现实生活的重要性"，教会孩子如何与他人交往、和他人和谐相处，在社会中获得成长，这样才对他们身心健康更有益。

（案例来源：鞍山市文华学校　宋雪）

【案例二】重蹈覆辙的小义

小义是一个虎头虎脑的小男孩，刚上一年级就成了任课老师眼里的"问题孩子"。上课顶撞老师，与小朋友相处时，如果不能满足他的愿望，他就会无法自控，甚至会对同学拳打脚踢。从开学到现在，经常欺负同桌，老师批评教育他时他的认错态度也比较好，但总是"历史重演"。

小义妈妈对孩子一直是高期望严要求，教育方式比较粗暴。在小义上幼儿园时，每当小义做得不够好，或者在幼儿园与别的小朋友发生冲突，妈妈就会狠狠揍他一顿，如果小义哭闹就会揍得更厉害。妈妈脾气暴躁，在生活中，也经常将自己的负面情绪发泄在孩子身上。爸爸自己开办工厂，根本没有时间管他，导致孩子感受不到家的温暖，没有安全感，在家长影响下，情绪也变得易怒，无法自控。

对于学校纪律他不愿意遵守，而是有自己的想法，有自己的一套行为方式。小义的语言表达能力比较弱，不能将一件事表述得很清晰，即使犯了错误，也只会不受控制地大吵大嚷，不会替自己辩解。小义在言语方面有障碍，并不是发音器官的问题造成的，是他在与人相处、合作方面的欠缺造成的。其实小义不是故意想和别人发生冲突，而是想和别人做朋友，但找不到正确的交往方式，久而久之，就想用与别人发生冲突的形式引起别人注意。

后来，小义妈妈向老师寻求帮助，开始学会在教育孩子时控制自己的情绪，站在孩子的角度去理解问题，无条件接纳孩子的情绪，了解孩子内心的诉求，鼓励他表达出自己的真实感受。当了解小义行为背后的原因后，妈妈就告诉他这样做可能会产生的后果，并一起商定处理问题的方式。当小义情绪失控时，妈妈就带他去运动馆尽情发泄，并在事后及时给予安慰。而当小义做好某一件事，妈妈就及时给予他正向的强化，对他说："今天你的情绪控制得很好，很棒。"

当父母处于不良情绪时，是无法教育孩子的。不加克制的"沟通"，往往只是某一方错误地发泄情绪。如果孩子大发脾气，我们应该先以安抚为主，先跟孩子说，请他不要那么激动，过会儿再跟他商量这件事。商量，意味着这是有余地的，不是绝对地不肯退让。孩子不会与他人相处，没有与社会建立情感联结时，家长应鼓励孩子走出去，多与他人进行交流，并告诉他与人相处的做法，家长要以身示范，告诉孩子应该怎样获得别人对他的好感，有时候要教给孩子怎么做，比单纯训斥孩子不会做要好得多，而简单地粗暴打骂，只会使孩子内心充满抗拒、压抑自己的愤怒，久而久之，就会把这种愤怒以同样的方式转给他人，这样反而不利于问题的解决。总之，在教育孩子时，家长应"和善而坚定"地坚持自己的教育方式。

（案例来源：滨州实验学校　孙立华）

第五章　教育孩子融入社会

引导和帮助孩子追求优越，这是所有父母的心愿。阿德勒提出，每一个孩子都在追求一种优越感，教育者必须保证孩子在追求优越感的过程中，能够获得幸福和精神健康。那么，怎样才能实现这一点呢？把有益的和无益的追求优越区分开来的基础又是什么呢？阿德勒认为，这个基础就是要符合社会利益。

第一节　社会情感的本质与内容

阿德勒认为，教养孩子的关键就是培养其社会情感，就是使孩子认识到必须与社会达成一致；社会情感是儿童成功适应社会的标志。社会情感发展得越好，个体自卑、神经质、孤独和犯罪等越少。社会情感不仅是一种涉及与别人交往时的情感，也是一种对生活的评价态度和认同能力。阿德勒还认为有无社会情感是衡量个体是否健康的主要标准，社会情感的水平决定一个人生活意义的大小和对社会贡献的程度，而人的社会情感最初是儿童与其父母间早期相互作用而产生的。因此父母的重要任务之一就是唤起和培养儿童的社会情感，对儿童的溺爱和漠视则是阻碍儿童社会情感发展的两个重要因素。

社会情感学习是帮助儿童、青少年获得并发展社会情感能力所必需的

做智慧型父母

技能、态度和价值观的过程，在提高学生学业成绩、改善行为、实现人生成就等方面产生积极影响。世界经济合作与发展组织将社会情感技能纳入人类未来必备的三大技能之一，联合国教科文组织也把社会情感技能纳入教育的"第四个可持续发展目标"，并鼓励世界各国开展社会情感学习。

一、社会情感的内涵

阿尔弗雷德·阿德勒提出的"Gemeinschaftsgefühl"概念是他的一个重要贡献，英文中没有恰当的对应单词，常被翻译为"社会情感""社会利益""社会兴趣""社会感""社群情怀"等词，阿德勒的后继者、美国儿童心理学家、教育家鲁道夫·德雷克斯把"社会责任感"等同于"Gemeinschaftsgefühl"，指的是个体真切关爱同伴，并且真诚地想为社会作出贡献，能够用别人的眼睛去看，用别人的耳朵去听，用别人的心去感受。

如果一个人愿意为他人作出贡献，那么他所形成的性格，必然是兼顾个人利益与社会利益的。以奉献社会为目标的人，明白如何让生活富有意义，会根据社会情感适时调整并训练自己，让自己掌握社会性的技巧。

(一)社会情感的起源

阿德勒认为，追求优越感和社会情感拥有相同的内核，两者都以人性为基础，都是渴望被认可的根本表现。不同的是它们的人性假设与表现形式，追求优越的人性假设是个体不必依赖群体，社会情感的人性假设则是个体在一定程度上依赖于群体。[①] 人是群居动物，由于能力所限，我们不能像其他强壮的动物那样保护自己，组成群体便弥补了我们作为个体所缺乏的能力，使得我们发现保护自己的方法——团结。可以说，任何社会情感的建立都与能力密切相关。人类需要相当长的发育过程才能达到成熟，

---

① ［奥］阿尔弗雷德·阿德勒. 儿童的人格教育［M］. 张庆宗，译. 上海：华东师范大学出版社，2017：91.

儿童需要父母保护的时间远长于其他任何生物，我们可以把儿童身体上的脆弱期，视为把教育和社会情感联系起来的时刻。① 基于此，个体心理学派就提出了教育目的，教育的目的必然是社会性的，它基于这样一个事实：只有通过群体才能克服儿童的不成熟。②

(二)建立社会情感是一种心理补偿机制

对于社会认知的偏差会使得孩子无法理解社会因素对于自身发展的重要作用，有自卑情结或优越情结的个体的世界观和知识体系与社会常识截然不同，他们往往把责任推给他人，为自己的行为辩解：工作艰苦、社会冷漠、身不由己、别人不支持……而正确的社会常识能帮助孩子鼓起生活的勇气，对社会有价值的人生目标不需要语言解释。

阿德勒指出，社会适应不良是个体感到自卑并追求优越感所引起的社会性后果，"自卑情结"和"优越情结"本身就解释了社会适应不良的后果。③ 那些不会陷入这些不良情结中的人被社会情感、勇气以及常识等引导到社会的有益面，促进了自身和社会的发展。个体社会适应不良的情形极其普遍，比如有的孩子到了该去上学的年纪，却不愿意和父母分开，不论父母和老师怎样做，都表现得非常畏惧、抗拒、厌恶学校这样的新环境，提到去学校就大发脾气或是不停哭诉，这种入学焦虑正是孩子社会适应不良的体现。

二、社会情感的重要性

社会情感发展的过程极为漫长，那些具有高度社会情感的人在童年早

①② ［奥］阿尔弗雷德·阿德勒. 儿童的人格教育[M]. 张庆宗，译. 上海：华东师范大学出版社，2017：93.

③ ［奥］阿尔弗雷德·阿德勒. 生活的科学[M]. 苏克，周晓琪，译. 北京：北京大学出版社，2019：122.

期就开始学习培养社会情感，并在此后的成长过程中不断向着生活中好的方向努力。他们总是怀揣勇气与信心，坚定无畏地面对并解决生活中的问题，和邻居友好相处，有亲近的朋友伙伴，能在工作中获得进步，能做好准备去应对婚姻与恋爱等，总是能赢得别人的信任。

(一)社会情感是发展人类其他能力的基石

如果没有社会情感，一个人其他能力的发展就无从谈起，比如语言能力与逻辑思维能力，若一个人使用他自己才能理解的语言，就一定会产生混乱。倘若一个人不断与他人接触，他必须使用语言、逻辑、常识来帮助自己为别人所理解，也必须具备理解力来明白别人希望他懂的内容，因而他必须具备社会情感。有时候，我们会发现一些不明智的行为，但是这在行为者本人来看却自有一套逻辑，这也表明了社会情感和常识在行为判断上的重要性。

(二)社会情感给个体带来安全感

安全感是个体生活的重要支撑，甚至连哲学家都不能避免。在柏拉图看来，哲学家如果没有源于社会情感的安全感，他们自己也不能正确地生活。[1] 没有安全感的儿童，难以友好地与他人相处或是独立完成任务。阿德勒说，这些孩子的不安全感还会表现在对某些学科的学习上，特别是那些要求客观和逻辑思考的学科，比如数学。[2]

(三)社会情感增进认同感与归属感

从社会情感的起源，我们能够理解集体的概念，即一个人不能靠个体力量来保护自己，便形成了集体。从人类出现开始，人类便一直在奋斗，

① ② [奥]阿尔弗雷德·阿德勒.儿童的人格教育[M].张庆宗，译.上海：华东师范大学出版社，2017：96.

正是对他人的关爱与兴趣促使了人类的进步。[①] 原始社会时期，人类就学会用共同的符号聚集在一起，以获得一种共同的身份感。由此产生的图腾崇拜是原始社会的宗教，崇拜同样图腾的人居住在一起，有着同样的习俗，这些符号、习俗都是为了团结人们进行合作。即使在今天，许多习俗与仪式也都是为了增强人们的归属感和对集体的认同感，促进人们的社会情感，增加相互合作。

（四）社会情感促进伦理道德与艺术的发展

离群索居的人不能够理解道德与伦理规则，只有当个体考虑他人与社会时，道德观念才有意义。审美与艺术创作也是如此，循着社会发展的方向，比如随着时代变迁，越来越多的人开始健身运动，"健康美""穿衣混搭"等逐渐成为主流审美观念，主流一词正是代表社会的方向。

三、社会情感缺失的危害

培养孩子的社会情感是家庭教育重要的内容。如果年轻人不明白为什么要成为对社会有用的一员，学知识又有何用？鲁道夫·德雷克斯告诫父母："不要替孩子做任何他自己能做的事情。"这是因为如果父母过于操心、大包大揽，不让孩子参与他们本应该参与的事务，剥夺了他们通过自己的体验来发展自己能力的机会，孩子会认为自己需要别人的照顾，或者他们"理应"享受特别的对待。

缺少社会情感的儿童无法与他人产生联系，阿德勒列举了几类社会情感缺乏者特征：一是他们普遍自私自利。以个人私利为动力，这种人对个人、集体都是有很大损害的，被骄纵宠溺的孩子会发出"我凭什么要和他

---

① ［奥］阿尔弗雷德·阿德勒. 活出生命的意义［M］. 柴晚锁，吴维中，译. 北京：北京大学出版社，2019：239.

们一起"这样的疑问，这可以揭示出他只对自己感兴趣，缺乏关于与人合作的训练。阿德勒直言，这些对其他人不感兴趣的人，他们在生活中会遭遇巨大的困难，对别人造成严重的伤害。自私自利的人认为生命应当只为他们的利益而存在，若非这样都是无价值的，这显然是一种错误的观念。那些被教育成以自我为中心的孩子便是如此，他们看待这个世界的方式与别人不同。二是他们可能患有精神障碍。阿德勒指出，许多神经症患者都不能与他人发生联系，缺乏对他人的兴趣，性格孤僻，抵制他人的友善接近，拒绝别人有益的帮助。他举了一个小女孩的例子：这个女孩患有早发性痴呆症，阿德勒与她接触、交流时，女孩并不理他，这样的情况持续了八天。后来他再与这个女孩讲话时，女孩打了阿德勒，见到阿德勒不还手，她还打碎窗户，用玻璃划伤自己的手。阿德勒的反应只是为她包扎，并友善地望着她，后来这个女孩痊愈了。阿德勒还做了追踪调查，女孩一直都很健康，独立谋生，与人相处融洽。有精神障碍的人哭诉自己的同时，也在控诉别人，阿德勒对此采取的一切努力都是在增强他们的社会情感，帮助他们平等而自然地与他人产生联系。三是他们会疏忽性犯错。比如，新闻报道中有些熊孩子用打火机点燃布条不慎引燃山火，造成森林火灾，烧毁山林面积数十亩；或为图方便高空抛垃圾，致使砸伤行人……这些孩子并没有害人之心，他们在道德上似乎也并无大过，但那是他们没有学会为他人着想，就不会自觉地注意保护别人的安全，这些都是社会情感缺乏的体现。

第二节　孩子是社会中的一员

人类社会中的每一个个体，既具有其自身独有的自然属性，也具有群体共有的社会属性。每一个人的生存和发展都离不开其所属群体的存在和发展，孩子也是如此。

一、孩子需要融入社会

个体心理学提出很多儿童和成年人身上会有把自己和他人联系起来、与他人合作完成任务，使自己成为对社会有用的人的愿望。这个愿望就是一种社会情感。① 每一个人都会怀有共同的社会理想，如果偏离社会标准就违反了这种社会理想，因此，我们总是在称赞那些对社会有益的行为，而批评对社会不利的行为。

（一）儿童语言能力的发展需要基于社会

语言的存在与发展是人类群居的基础，也是人类群居的产物。语言对于独居者来说毫无用处，他并无与他人交流的需要。如果儿童没有广泛参与社会生活，而是在隔离与封闭中成长，他的语言能力发展势必会受到阻碍，只有当他与社会产生交集时，他才开始习得语言。在阿德勒看来，语言是社会情感的产物，理解意味着以一种我们希望别人也能如此的方式去领悟，这些的前提条件都是要与别人联系。所以，只有对他人感兴趣、对社会有情感，孩子的各项能力才能得以发展。

（二）教育最终是要帮助儿童适应社会

个体心理学的目标是帮助个体适应社会，只有在社会这个大背景下，个体才能成为个体。儿童如果缺乏社会情感，就难以适应社会，难以解决人生的三大问题——社交、职业、婚恋。阿德勒认为童年的指导应该培养孩子合适的社会情感，以此帮助儿童确立健康的、有意义的生活目标，并使之完善定型。个人得到救赎的途径只有社会协作和社会情感，因此要想

---

① ［奥］阿尔弗雷德·阿德勒. 儿童的人格教育［M］. 张庆宗，译. 上海：华东师范大学出版社，2017：91.

防止儿童产生优越情结或自卑情结，就要训练他们具备适应社会系统的能力。

二、学会合作是融入社会的第一步

(一)学会合作的意义

合作的目的是促进人类进步，如果没有合作精神，任何人都无法取得成就，只要将合作视为最终目标，就会减少互相争斗与彼此贬低。大到古往今来的政治运动和社会运动，小至学校里的班级活动和家庭里的教育，都涉及合作二字。

个体心理学认为，合作精神和能力的培养有着丰富的意义。首先，学会合作意味着具备良好的社会情感。合作精神与社会情感密切相关，前者是后者的基础，社会情感得到充分发展的个体，具有高度的合作意识和合作能力。其次，学会合作意味着具备健康的生活风格。健康的生活风格以社会情感和社会利益为导向，而不是追求自私自利的个体优越情结。拥有健康生活风格的个体能够与他人和睦相处，友好合作。即使再不愿意面对生活问题的人，也不可避免要向其他人求助，如果指望别人帮他们解决一切难题，就会严重损坏社会的合作体系，并拖累那些积极解决生活困难的人。再次，学会合作意味着具备良好的社会适应能力。阿德勒强调，教育应鼓励社会适应能力的形成和发展，在任何领域中取得成功的先决条件都是具备社会适应能力。这里的社会适应能力指的就是能够与他人友好合作，应对各种困难问题的能力。最后，学会合作意味着发展美德。人类的所有美德之所以产生并延续至今，都是因为与普遍适用于社会生活的原则相符。个体对理想的期待要能借助对整个社会有帮助的方法，从而解决个人的种种难题，这就要求个体必须要与他人建立合作关系，努力掌握技巧，并根据社会的要求，承担某些责任。

刚上学的孩子会有新体验，因为他要在学校与人交往，这往往会暴露他以往的错误与问题。被娇惯的孩子失去了家长的照顾，就会感到难以适应，哭闹着要回家，他对学校、老师都提不起兴趣来，不管老师怎么劝说，他都充耳不闻。一句"不输在起跑线上"，让很多父母为孩子在上学之前就开始准备，但却忽略了孩子是要进入一个社会环境，他们实际上为合作所做的准备却少之又少。在上学之后，孩子们的竞争能力继续受到锻炼，阿德勒认为这一点并非他们的幸运，能"打败"其他孩子，占据领先地位的孩子不一定更幸运，因为这样的孩子在任何时候都只会关注自身，关注如何获得利益，对贡献、给予等没有概念，容易成长为"精致的利己主义者"。一个班里的学生应该团结友爱、合作竞争，这样才能让孩子对兴趣、合作产生向往。许多"坏"孩子在参与合作后，也能转变为人处世的态度。

（二）引导孩子学会合作的内容与方式

喜欢一个人玩游戏，即使游戏需要合作完成，也不愿意和他人一起；和小伙伴做游戏过程中，对方不顺从自己意思就不高兴；在合作过程中，和其他小伙伴总是发生争吵，或用攻击解决问题……这样的孩子在生活中并不少见。

阿德勒认为，尽管个体具有与他人合作的先天潜能，但是也必须加以训练与教育才能得到充分发展。

在阿德勒的家庭教育相关理论中，父母在培养儿童合作能力过程中扮演不可或缺的重要角色。父母自身与孩子的合作技巧，以及教会孩子与他人进行合作的技巧，直接影响孩子潜能的发展。父母首先要对孩子有合作兴趣，然后再引导孩子对父母产生兴趣，合作的基础是信任，因此父母在培养孩子的合作能力时，应当特别注意给孩子营造一个值得依赖的可靠形象。父母的第二个任务是让孩子对他人也产生兴趣，帮孩子把这份信任引

做智慧型父母

向家庭其他成员，否则会使孩子与家庭不亲近。但这不意味着其他成员在家庭教育中是被动的，在家庭生活中，其他成员同样起着至关重要的作用。随着孩子的成长，父母还需要引导孩子把兴趣转向社会和周围的人群，鼓励孩子发展合作能力。

在培养孩子的合作能力时，父母双方一定要注意言传身教，父亲首先要向妻子和孩子证明自己对他们和对社会是承担责任的，与此同时，还要在孩子面前展示出对友谊、爱情、职业等良好的应对能力。家庭中有很多可以培养孩子合作意识的机会，具体来说有以下几个方法。

一是在家庭中培养合作意识。例如，如果父母中的一方正在做饭，可以让孩子帮忙把碗筷收拾好；或者选择一些对孩子来说比较困难的事情，如有难度的拼图，引导孩子向他人寻求帮助。这些都是培养孩子合作意识的好方法。

二是以家人之间的合作为榜样。模仿是儿童的天性，父母在日常生活中的言行会对孩子产生潜移默化的影响，孩子通常会效仿父母与同龄人交往。家人之间的角色分工和合作对孩子的合作能力有直接影响，例如，如果妈妈做家务，爸爸就帮忙一起做，孩子就会不自觉地参与这个过程。此外，家人谦让热情、助人为乐的态度，也会对孩子产生很大的影响。父母可以把常用的礼貌用语挂在嘴边，告诉孩子如何使用，比如，征求他人意见时说"可以吗?""这样行吗?"，等等。

三是帮孩子创造和同龄人合作的机会。游戏是提升孩子合作能力最有效的方式。在和同龄人的相处中，孩子将会逐步摆脱家庭中的"自我中心"角色，融入小集体。父母闲暇时多带孩子到公园、小区的绿地等公众场合或亲戚朋友家玩；在孩子生日时，邀请小伙伴到家里来玩。如果孩子之前没有跟同龄人合作的经历，那么这个过程要循序渐进、由少及多，可以先从两个孩子开始。随着孩子合作能力的提高，可多邀请一些小伙伴玩游戏。

四是教给孩子一些合作技巧。父母可以教孩子一些技巧，如谦让有礼、考虑他人等，以此应对合作中遇到的问题。当孩子与小伙伴在活动中意见不统一、玩得不愉快时，父母应及时引导孩子相互商量，用什么方式可以使大家玩得愉快。比如，当大家都喜欢某个玩具时，可以采取"轮流玩"的形式等，帮助孩子解决合作中出现的问题。

第三节　与孩子一起进行社会情感学习

培养儿童的社会情感应视其具体情况而定，按照固有模式统一进行处理是不可行的，要注意一切教育手段应该以实现社会性为前提。阿德勒认为，教育目的是社会性的，那么我们所有的教育规则、方法都不能忽视群体生活和社会适应。我们在日常生活中发现的出现差错的教育，是因为它们产生了不利的社会影响。

一、抑制孩子社会情感发展的错误方法

（一）使用长篇累牍的道德说教

靠道德说教，不管是对于儿童还是成人，都是毫无效果的，他们只会觉得"我并不是最差的，别人也同样如此，怎么就说我呢"。当我们意识到孩子已经难辨是非，还可能会伤害他人时，就要更加谨慎对待了。显然，这时候父母的唠唠叨叨已经没什么用了，应该进行更为深入的探究，从本质上去解决孩子身上的问题。父母不要站在所谓的道德制高点，扮成道德法官来对孩子进行评判，而是要成为他们的朋友。

（二）经常性对孩子使用"挫折"话语

除了避免使用道德说教，阿德勒还指出断言对于一个孩子的伤害是难

以估量的。如果父母不断对孩子讲"你真笨"之类的话语，要不了多长时间，孩子就会认为这种断言是对的，比起咒语更像是一种预言，对他的将来进行了预测，而他本人对这种预测毫无办法，只有顺从。因此，孩子放弃努力、丧失斗志也就毫不奇怪了。父母无法了解的是，事实上，这样的环境才是拔除孩子自信的根源，孩子只能不知不觉地按照这样的预言规划自己的生活，最终证明父母对他的错误判断是正确的。

(三)创设不利于孩子心理发展的家庭环境

孩子的错误可以折射出家庭环境的不良影响。首先是家庭教养方式，比如，拖延的孩子身后有一个会帮他收拾整理的成人；撒谎的孩子背后总有一个强硬严厉的家长……除了家庭教养方式，孩子在家庭中的处境也应当被考虑，通常有一类家中最小的孩子总认为自己必须做得最好，超过哥哥姐姐，总想突出和表现自己。另一类家中最小的孩子则完全相反，因为总难以超越哥哥姐姐，他们就完全丧失信心，退缩逃避、放弃任嘲。

(四)给予孩子过当的"自主权"

一些父母由于过于忙碌，没有时间教育孩子为培养好的品格而学习社会和人生技能，只好让孩子"自主"发展，结果孩子出现许多问题，恰恰就是这些父母为孩子不守规矩而感到气恼。试问，没有家长的引导，孩子能从哪里学到端正的行为？对于孩子的不良行为，有些父母只是一味地责备孩子，而不是承担他们自己应尽的职责。倘若忙碌的父母说自己这是给足孩子成长的自由，就太可笑了，这是一种对孩子成长需要的忽视，是对自己为人父母责任的逃避。

二、培养孩子社会情感的正确方法

(一)确定儿童的社会情感发展程度并尽早施教

如何判断儿童的社会情感发展到什么地步呢？答案是观察儿童特定行

为的表现。如果一个孩子追求优越时不顾他人、总想突出自己，就可以肯定他的社会情感没有得到充分发展。

个体的生活风格通常在 3～5 岁时就已经确定下来。个体心理学认为，培养和促进一个人社会情感的黄金期是在婴儿和儿童时期，因为此时是他们最无助、最薄弱的时期，成长也相对缓慢，由于儿童身心的不成熟，教育的作用非常重要。因此，家长应抓住这个关键期介入儿童的社会情感发展，培养他们必要的社会适应能力。

(二)还给儿童完整表达的权利

善于说话和表达的孩子并不是因为他们真的具备语言天赋，而是他们拥有社会情感，能抓住时机勇敢地表达自己的愿望，每一次开口表达都是一次训练机会，不断积累，就像进入一个良性循环，外界给他的反馈使得他越来越懂得如何更好地表达自我，这样就逐渐发展出了社会情感。如果父母总是替孩子张口表达诉求，那么孩子便没有开口的必要，从而也就丧失了与外界交流、适应社会的能力。

有些孩子还没说完一个句子，就被父母打断，不让他们接着说；有些孩子会因为说话慢吞吞而被嘲笑；有些孩子说话则不断被家长纠正和挑剔等……父母应当知道，这样做会让孩子丧失信心、产生自卑，是极其糟糕的教育习惯。

(三)正视并理解孩子在家庭中的不同处境

多子女家庭与独生子女家庭的家庭结构不同，成长于其中的孩子的处境也存在差异。个体心理学的研究发现，多子女家庭中年龄较大的孩子取得进步，就会刺激年龄较小的孩子投入更多的努力，超越他的哥哥姐姐从而克服自己的自卑感。这造成的结果是较小的孩子通常更加积极进取和咄咄逼人，所以父母要明白孩子在家庭中的位置，以此作为理解孩子的基础。

（四）成为孩子的榜样

如何让孩子容易对别人产生兴趣呢？阿德勒建议，父母应该彼此平等相待，对朋友保持友好而坦诚的态度。这样做会让孩子觉得家庭内外都有值得信赖的人。父母应当明白家庭生活也是为更广阔的社会生活作准备，家庭和学校的目的都是要把孩子培养成具有社会性的人，成为社会中平等的一员。

（五）帮助孩子理解合作与奉献的意义

我们的工作为的是改善我们的世界，如果人人都能以正确的方式应对自己的任务，他就能在改善世界的事业中贡献出自己独有的一份力量。这个正确的方式便是合作。如果一个人能够建立与同伴的友谊，通过有价值的工作与幸福的婚姻为社会作贡献，他就不会觉得自己不如别人，而会认为这个世界充满善意美好，他就能如鱼得水地生活，即使面对生活的不如意他也能得心应手地应对。对他而言，"这是我的世界，我必须去行动、筹划，而不是坐等观望"。①

（六）帮助儿童适应学校和关心他人

学校是一个微型社会，要想未来顺利融入社会，孩子就要学会适应这里的生活，在学校里做一个有价值的人。教导孩子与社会相适应，父母就要教会他关心他人，不以敌对态度对待身边环境，将创造宁静、和谐的公共环境作为适应社会生活要求的能力和基础。父母若想创造真正和谐的家庭环境，就要避免给孩子太过沉重的心理压力，为此务必要降低过度控制、过度干涉孩子的欲望。

（七）给予孩子认同感与归属感

一个小女孩在学校和家庭的生活中感到失意后离开家人，即使是在她

---

① ［奥］阿尔弗雷德·阿德勒. 活出生命的意义［M］. 柴晚锁，吴维中，译. 北京：北京大学出版社，2019：246.

最绝望的时候，都要给家人写信，希望自己的家人能够开心地见到她。可见"认同"对于一个孩子来说多么重要。对于一个想要获得认可的孩子，他所做的一切都是为了实现个人目的。因此，家长要把自己放到孩子的位置上来思考"我若是他，我要做什么"，理解了孩子后，父母要做的就是鼓励他们朝着生活中有益的方向努力。面对在学校里受到挫折的孩子，要让他这样想："也许我换个学校就好了""也许我并没有退步，但是还不够努力""我其实最好换个学习方法，现阶段这个方法不适合我"……总之，就是通过一切努力，给予孩子应有的认同，让他有所归属，不再感到被排斥、被拒绝，让他重拾勇气。

（八）教导孩子依靠自己

只有当孩子具有独立性时，他们才能为帮助他人做好准备，并在帮助别人的过程中感到自己特别能干。如果父母扮演"超级妈妈""超人爸爸"的话，孩子们就只会期待这个世界为他们服务，而不是他们为这个世界服务，他们奉行"只要不顺着我，就不对"这样一个完全有悖于常识的逻辑。倘若他们不能如愿以偿，就会认为自己受到了不公平的对待，要么自怜自艾、沮丧难过，要么以某种伤害性或者破坏性的行为寻求报复。当他们寻求报复时，他们对自己的伤害往往与对别人的伤害是一样的，甚至超过对他人的伤害。

所以父母应该适时放手，坚决不能大包大揽，可以通过日常的小事培养孩子的独立性，经常让孩子参与一些家庭事务，比如讨论家庭如何准备晚餐、讨论家务的分工或计划家庭活动等。我们会发现，一旦让孩子们这么做，他们能够想出的事情之多简直令人惊讶。父母应该意识到，分担任务会增强孩子们的归属感、教给孩子生活技能，并且让孩子体验到社会责任。

三、评估孩子的社会情感发展

个体心理学一直强调将儿童的社会意识、社会情感的发展程度作为其成长发展的测试器，因此个体心理学能够理解和评价每一个儿童的生活风格。那么，儿童的社会情感发展情况要如何加以鉴别呢？对此，个体心理学给出的答案就是，观察儿童，留心他所表现出来的行为。一旦孩子面临生活问题，他就像正处于一场考试中一样，展现出自己对于生活的准备是否充分。换言之，他将会展现出现实生活中他是否有社会意识或社会情感，是否有勇气、有理解力，是否能够树立有益于社会发展的目标。此时，父母就可以尝试着去发现他努力向上的方式以及节奏，发现他自卑感的程度以及社会意识的发展程度，譬如，儿童是不是只追求自己的优越感而不顾及旁人，若是如此，就可以看出，比起那些尽可能让自己不那么显眼的孩子来说，这些不顾他人感受而奋力追求优越的儿童在社会情感上是有所欠缺的。

所有的这些都紧密联系、相互渗透，形成了一个有机的整体。一个有效了解孩子社会情感发展程度的途径，就是观察他在刚进入学校时的行为。学校对于儿童来说是一个新的环境，因此这种考验是客观的，就是儿童在面对新环境，尤其是遇到陌生人时所展现出自己的准备情况。

第四节　　典型案例

 【案例一】丫丫上学记

丫丫今年上小学一年级，她很高兴，觉得自己长大了，可以像邻居家的哥哥姐姐一样背着书包上学了。可是，开学的第一天丫丫却不愿走进校园，妈妈好不容易说服她走进校园，丫丫泪眼婆娑地跟着老师走进教室，心不在焉地看着窗外。起初爸爸妈妈和老师认为这是一年级孩子入学时的正常反应，几天后就会适应了。但接连几周丫丫都哭着进校园，嘴里念叨着想妈妈。课堂上不能和小朋友们一起学习，几乎每天都会在早上第一、二节课时独自溜出教室，一个人躲在角落里或者自己背着书包到楼梯间不回教室，碰到的老师常常会把这个孩子再次"捡"回来。这样的情况也波及整个家庭的状态：妈妈上班时总是担心孩子又悄悄走出教室，爸爸在外面出差也总是担心母女俩在上下学路上的安全问题。

在幼儿园时，丫丫从没出现过分依赖父母的情况。爸爸妈妈仔细推算了一下时间，发现家里亲人离世，低沉悲痛的氛围一直笼罩在家里许久，妈妈也没有精力照顾丫丫，而丫丫就这样安静地陪伴在妈妈身边，感受妈妈内心失去亲人的痛苦。虽然妈妈极力表现出高兴的样子，但刻意的样子反而让丫丫的状态越来越糟，她将这种情绪自然代入自己身上，上学时要求家里的小玩偶、电话手表不能离身，以便随时能联系到妈妈，十分害怕自己也失去妈妈。

知道原因后，妈妈振作起来，开始变得积极乐观，特别是在上学路上妈妈总会说一些自己在上学时犯的小错误，引得大家哭笑不得的事，母女俩一路上有说有笑地到达校园。看着丫丫走进校园回头时，妈妈会给她一个会心的微笑。老师在此期间也及时将丫丫在学校的情况反馈给妈妈，就这样，在学期结束前一周，丫丫在入校时能主动给老师问好，愿意与小伙伴一起参与活动，再也没发生哭闹的情况。

妈妈从这件事上深深体会到丫丫的情绪是敏感的，能感受到父母个人的情绪与压力，若不注意引导，很容易让一个对未来充满好奇与期待的孩子抗拒和害怕新事物。阿德勒强调，要重视孩子成长过程中表现出的社会情感的发展程度。对于初入学的丫丫来说，妈妈就是她最亲密的伙伴，看到妈妈的伤心与失落，会无意识地受影响，对即将开启的小学生活产生抗拒，其原因十分简单，就是担心失去妈妈，所以她要守在妈妈身边陪伴她。在家校联动下，丫丫开始感受到学校生活的快乐。

（案例来源：贵阳市观山湖区铭廷小学　倪永艳）

【案例二】走近而后改变

小豪今年6岁了，在出生之后就一直跟着爷爷奶奶生活，爷爷奶奶对小豪格外宠溺，能代替他做的事情，就不让小豪自己做。虽然到该上幼儿园的年龄了，爷爷奶奶也没有送小豪去上幼儿园，直到上小学之前，小豪的爸爸妈妈才把他接到身边。上小学后，小豪问题百出：上课专注力不够，小动作特别多，经常连课本作业本都不拿；课堂上随便和周围的同学说话，打断别人听讲；不懂得如何和别人交往，不谦让同学；没有任何规则意识和规矩，随心所欲；被爸爸妈妈批评就躲到爷爷奶奶身后寻求帮助……在隔代教育下，尤其是在很多事情都被包办代替的情况下，小豪已经很难通过自己做什么事情而获得成就感了，缺乏规则意识，随心所欲，一旦需求没有被满足就开始乱发脾气等，小豪爸爸妈妈为此十分苦恼。

针对小豪的问题，爸爸妈妈静下心来认真做了反思。首先，小豪从小在爷爷奶奶身边长大，爷爷奶奶没有注意培养孩子的自理能力和人际交往能力。其次，小豪从小就缺乏对专注力的培养，导致他在课堂上常常开小差。最后，小豪没有接受幼儿园的教育，使得他的行为习惯和学习能力不及同龄的孩子。

爸爸妈妈决定先从改善亲子关系开始，每天轮流接送孩子上学放学，并把上学放学路上的这段时间作为建立亲密亲子关系的黄金时间。上学时给小豪鼓励，用正向的引导，引导他对一天即将开始的学习生活充满期待，例如：你今天一定会交到一个好朋友；相信你今天一定能背诵一首诗；你今天一定会表现得很好……放学时，在聊天中了解他一天的收获，如果小豪觉得自己没有收获，也不打击他，而是告诉他，爸爸妈妈相信你明天一定会有收获的。慢慢地，爸爸妈妈对小豪的教育引导开始起作用，他渐渐能理解并且去改正自己的错误，同时他也乐意跟爸妈分享喜怒哀乐。

"自己的事情自己做，别人的事情帮助做。"爸妈有意识地让小豪逐渐做一些力所能及的事情，例如，洗自己的衣服，整理自己的个人物品，收拾房间，收拾碗筷，给爷爷端洗脚水等，每次做完这些事情后，爸妈都及时评价"小豪真棒，衣服洗得真干净！""哇，房间这么整齐了！"在爸爸妈妈的不断强化下，小豪很多事情都能够自己主动去做，他收获到了成就感，行为习惯越来越好。

爸爸妈妈在成功转化小豪的过程中，得到了许多经验：无论自己多么繁忙，都要拿出时间经常与孩子沟通交流，让孩子感受到爸爸妈妈对自己的关爱与关注；在孩子能力范围内，自己的事情自己做，父母千万不能包办，放手让孩子做力所能及的事。这样一方面能让孩子学会责任与担当，并将这种责任与担当逐渐拓展到对他人的帮助与关爱，另一方面让孩子获取成就感，从而体会到被肯定、被认可的喜悦。

社会情感发展具有终身性。父母与孩子之间进行信任建设，往往是合作发展内在潜能的第一步。小豪的爸爸妈妈意识到要改变孩子的不良行为，首先要改善亲子关系，让孩子对父母有信任感和安全感，让孩子感受到自己是被父母疼爱和关注的。以日常生活的点滴小事为切入点，引导孩子学会承担自己作为家庭成员的责任，从做好自己的事到照顾爷爷奶奶，再到在学校里交朋友，父母对小豪的教育基本符合个体逐渐发展社会情感的路线。除此之外，阿德勒认为，所有人都有自己发展的终极目标——追求优越感。本案例中，在小豪独立完成一件事情之后，父母一次次的鼓励与认可，让他越来越觉得自己是一个有能力的人，是一个强大的人，小豪对优越感的追求得到了满足，良好的行为习惯逐渐就养成了。

（案例来源：青岛市城阳区育才小学　张佳）

第六章　教育孩子创造性发展

阿德勒认为人是有意识的个体，可以按照自己独特的生活风格决定自己的行为方式，选择自己的生活道路，决定自己的命运。他认为，影响个体成长有三个要素，即遗传、环境和创造能力，其中创造能力起重要作用。当创造能力与其他两个要素结合起来时，个体才可能克服人生障碍。创造性自我使人格具有一贯性、稳定性和个性，是人类生活中具有的主观性因素。

第一节　每个孩子都是独一无二的

父母往往会把自己的孩子与别人家的孩子作比较，这是不恰当的。因为，每个孩子都是独一无二的，孩子与孩子之间是没有可比性的，这不仅是由遗传等先天因素决定的，也是由后天的环境决定的。

一、每个人都会形成不同的生活风格

(一)生活风格的含义

生活不是游戏，生活的道路上荆棘密布。个体深陷困境的情形比比皆是，而我们所要观察的正是儿童在困难环境中表现出来的独特行为与性格

特征。[①] 人人生而自卑，但是，人们不可能永远忍受落入下风，自卑感会刺激他们去采取行动，于是就有了目标。在个体心理学中，这种带有指向性的、特定目标的持续行为，就叫作"生活风格"，也就是独特的生活境遇造成的独特的行为习惯。

生活风格是一个统一体，它源于个体在早期生活中所遇到的困难以及为实现目标所付出的努力。个体心理学高度重视"生活风格"，要了解一个人的未来，就得先了解他的生活风格，个体后续的各种经历，都只是不断地强化他已有的生活风格。

(二)生活风格具有独特性

每棵树都有它自己的生长模式，而不只是对环境的机械反应。阿德勒说："如果观察一棵长在山谷里的松树和一棵长在山顶上的松树，我们就会注意到他们的生长情况是截然不同的。虽然都是松树，同属于松树这样一个树种，但它们却具有两种不同的生活风格。树的生长风格即是树的个性，它是在一定的环境背景下形成的。"[②]树的生长风格代表了它的个性，由于生长环境不同，造就的个性也就不同。

树如此，人更如此，特定的生活环境衍生出特定的个体生活风格。个体心理学主张观察人的行为，尤其是观察个体在受困遇挫时的行为，这是因为人在顺境中所表现出来的生活风格差异并不明显，只有在充满困难的艰苦环境中，个体的生活风格才会清晰起来，他们会选择不同的方式方法去面对生活带给他们的挑战。正如我们无法在同一棵树上找到两片相同的叶子一样，这个世界上也并不存在两个生活风格完全相同的人。

---

① ［奥］阿尔弗雷德·阿德勒. 生活的科学[M]. 苏克，周晓琪，译. 北京：北京大学出版社，2019：47.

② ［奥］阿尔弗雷德·阿德勒. 生活的科学[M]. 苏克，周晓琪，译. 北京：北京大学出版社，2019：46.

（三）生活风格折射人的"类型"

当提到社会适应不良这一类型的人时，我们指的是那种缺乏社会情感、生活枯燥无味的人，他们很难与他人建立起同伴关系。因此，分类只是一种提供便利的抽象方法。相对而言，所谓的"正常人"，他们往往具备两种特质：一是有着很强的适应能力，有意无意间通过自己的工作造福社会；二是拥有足够的力量和勇气去面对生活中出现的种种问题和困难。它们是我们衡量个体变异程度的标准。[①]

在生命开始的前几年里，儿童就开始心理构建，他整合了遗传信息与后天环境带给他的影响，来追求优越。3～5岁时，儿童的人格已经基本形成，他给生活赋予的意义、所追求的目标、达到目标的方式以及情感倾向等逐渐开始固定下来，也就是说，生活风格已初步形成。阿德勒把生活风格分为健康和病态两类，这两者的区别在于超越自卑、追求优越时，是否考虑了社会利益等因素。病态的生活风格有三种：统治支配型、索取型和回避型，都是消极的应对方式，属于这类生活风格的人，通常都喜欢回避或逃避问题，他们中的大多数人都不会取得良好的发展。健康科学的生活风格是社会兴趣型，善用积极的应对策略，属于这类生活风格的人，有信心和勇气面对问题，不会选择伤害他人的方式来解决自己的问题。

（四）生活风格的形成

那么这种生活风格是怎么形成的呢？阿德勒认为，生活风格在儿童3～5岁时就已经形成了。家庭环境和幼儿时期的经历塑造了儿童的生活风格，这种生活风格难以改变，儿童面对未来挑战的行为准则也大多由此形成。

---

① ［奥］阿尔弗雷德·阿德勒. 生活的科学［M］. 苏克，周晓琪，译. 北京：北京大学出版社，2019：49.

1. 生活风格的形成受家庭地位的制约

"你在家里排行老几?"这个问题常常是了解多子女家庭孩子成长问题的突破口。一些个体心理学的研究发现，很多人，尤其是家中长子，畏首畏尾，害怕往前走，主要原因是他们的生活中出现了更受宠爱的人——弟弟或妹妹。

这样的情况并不总是出现在家中的长子身上，阿德勒记述了一名抑郁症患者的经历，小时候，患者非常敏感，喜欢胡搅蛮缠，总以痛苦和体弱为借口来要挟自己的哥哥姐姐。有一天在沙发上玩的时候，他把别人全都推了下去。姑妈训斥他的时候，他却振振有词："你骂我，你毁了我的人生!"这就是他的生活风格——充满控制欲，总拿痛苦和体弱说事。长大后他得了抑郁症，而抑郁症本身就是软弱的表现。几乎每个抑郁症患者的口头禅都是："我的人生彻底毁了，我现在一无所有。"这种人往往是先得宠、后失宠，而正是这一得一失塑造了他们后来的生活风格。①

2. 早期记忆影响生活风格的形成

早期记忆或者早期印象是个体生活风格的重要组成部分，也被称作"原型"。回顾过去，每个人都能想起一些重要的事情。对早期记忆的描述，哪怕只是零星的或片面的，也能有所启示。比如，一名男孩小时候，母亲带着他和弟弟一起去市场，那天开始下雨了，母亲把他抱了起来。可就在这时，母亲看到了弟弟，于是，就把他放下了，去抱弟弟。他在回忆中提到了弟弟和自己，可见，对他来说，有个弟弟是一件非常重要的事情，母亲抱起了弟弟，也就是说，他觉得母亲在弟弟身上花的心思更多一些。②我们可以大致推测出他的生活风格——他总觉得别人比自己更受待见。他没有获得真正的友谊，因为他总觉得朋友更喜欢别人，于是他不断

---

①② ［奥］阿尔弗雷德·阿德勒. 生活的科学［M］. 苏克，周晓琪，译. 北京：北京大学出版社，2019：55.

地去验证这种想法，总是疑神疑鬼地拿一些鸡毛蒜皮的小事阻碍友谊的发展。他一直处在巨大的压力之中，错误的认知导致他在验证的过程中伤害了自己也伤害了别人。

3. 不良生活风格形成的影响因素

阿德勒指出了三种影响不良生活风格形成的因素，第一是生理自卑，可能导致孩子不健康的自卑情绪，被自卑感所压倒，产生自卑情结。第二是溺爱或姑息的教养风格，父母过分宠爱儿童，过多满足儿童的需要，这种儿童是家庭的中心，长大后会变得自私自利、缺乏社会情感。第三是忽视的教养风格，父母无视儿童的愿望，缺乏对孩子必要的关注，使儿童感到自己毫无价值，这引起他们的愤怒，并使他们以怀疑的眼光看待别人。

需要注意的是，生活风格并不完全受遗传的影响，而是在特殊环境中形成的，如被宠溺的孩子有较强的占有欲，被忽视冷落的孩子较为怯懦，排行老大的孩子处事风格比较保守，排行老二的孩子则显得好胜许多。[①] 除了家庭因素之外，街坊邻里、孩子所在社区的特性和各种社会的压力等也决定着儿童形成什么样的生活风格。

二、追求优越、生活意义、生活风格与创造性自我之间的关系

正确的生活意义、有益的优越感目标和健康的生活风格，促使个体采取自己创造性的方法技能或策略，有效地利用个体自身条件及环境进行创造性的活动，实现优越感目标，获得有益于他人和社会的成就。这种情况下，个体形成的人格是完善的人格。

相反，错误的生活意义、无益的优越感目标和不良的生活风格，限制

---

① 田印红. 创造性自我与生活风格——论阿德勒的人格发展观[J]. 铜仁学院学报，2007(03)：65—66.

做智慧型父母

创造性自我发挥应有的正向作用，而使个体倾向于采取无益的方式解决问题和困难。创造性自我虽然仍具有巨大的能量，但是其全部或者大部分能量都被个体用来保持防卫状态或维持现状，而不是采取卓有成效的行动来取得有益的成就。在这种情况下，个体把大部分精力都投向了无益于他人和社会的一面，那么就很容易形成缺陷的人格。

个体心理学不愿意夸大优生学的好处，因为我们生活中不难见到"有缺陷的"儿童克服困难并成为栋梁之材的例子。古往今来，有很多为社会献出力量的优秀人才都有生理上的不足。然而，正是这些在困难面前绝不服输而走出困境的人，往往会越挫越勇，不断拼搏向上，采取有益的方式解决问题，充分发挥创造性自我的正向作用，极大地推动了社会的发展。如果我们只把目光锁定在他们的缺陷上，就不能看清他们的内心到底是朝好的方向发展还是朝坏的方向发展。若这些儿童没有得到正确的指引，我们就不能真正了解他们的困难，这就导致他们只关注自身，他们的创造性自我也仅仅用于保护自己，没有发挥出正向作用，也就最终走向了失败。

第二节　创造性自我是每个孩子成功的密码

"创造性自我"概念是人格塑造过程中有意识的主动性和创造性的力量，使个体可以按照自己所憧憬或假想的目标，选择自认为合适的方式组合遗传和环境的影响，构建独特的生活风格。人们不会单纯消极地被遗传和环境影响，可以创造性地选择最适合自身心理发展规律的生活形式和风格。即使有相似的人格结构，也不可能存在完全相同的人，甚至在同一个家庭里也不可能有两个人是完全一样的。造成这个区别的原因就在于创造性自我的差异。创造性自我在形成生活意义、追求优越感目标和塑造生活风格的过程中发挥着无可替代的重要作用。

一、创造性自我的精神实质

阿德勒在晚年提出了"创造性自我"，心理学家霍尔认为，这一概念是阿德勒作为一名人格理论家的最高成就。个体心理学之所以重视生活风格的分析，也是因为他们重视的是将来，而不是过去，意图通过过去来在一定程度上预测未来。而创造性自我的概念正是强调了这一点，阿德勒认为，人可以直接参与他自己的命运，而不是心理学家弗洛伊德所主张的那样，让命运被动地由过去的经验所决定。即是说，创造性自我意味着——人在塑造他自己的人格和命运时是一种有意识的主动力量。

(一)创造性自我概念的提出

在阿德勒看来，人们不会只被动地受到遗传和环境的影响，遗传和环境只为人提供发展的可能性以及外部条件。尽管对人有用的某些能力和原始经验都是来自他的遗传和环境，但是这些能力和原始经验只是个体按照自己创造性的方法，来构建他的生活风格、优越目标、生命意义的"砖块"。人们可以创造性地选择最适合自身心理发展规律的生活形式和风格，个体自身使用这些"砖块"的方法，代表着他的生活态度，从而决定着他与外部世界的关系和本身的生存目的。由此，阿德勒提出了"创造性自我"这一概念。

人是有自主性的，能够根据自己的愿景，对自己的生活经历进行选择性思考。这种选择性是与生俱来的创造性，决定着每个人的发展。正是创造性自我使人们可以真正掌控自己的生活，直接决定了人是否拥有健康的心理和正确的社会情感。

(二)创造性自我造就个体的差异性

正如大自然如此丰富多彩，我们却无法找到两片完全相同的树叶一样，纵然环境和遗传因素类似、人格结构大体相同，也绝不可能存在完

做智慧型父母

相同的两个人，甚至是同一个家庭里的孪生兄弟或者姐妹，两个人也不可能是完全一样的。

再如一些存在生理缺陷的人，他们共同点是都存在生理缺陷，但是有的人会经过心理补偿机制，克服自己的自卑感，追求有益的目标，积极发展自己的社会情感，最终成为对社会有贡献的人。而有的人则一辈子深陷在自怨自艾的情绪中无法自拔，只是关注自己，把主要的精力与心血都浪费在毫无价值的事情上。在阿德勒看来，这样的差异就取决于创造性自我的不同。

总之，创造性自我是人格中的自由成分，它激励个体在他们选定的生活方式和寻求的目标当中，自由选择对个体自身来说最适合、最有益的一个组合。阿德勒认为，人在塑造自己的人格和命运中有一种有意识的主动力量，直接参与自己的命运。这种创造性自我又使得个体按照自己决定的方式建立独特的生活风格，并促使个体按照这种风格去追求他心中的一个目标，即追求优越，从而促进人的发展、成就、满足和自我实现。

二、创造性自我的现实意义

创造性自我具有一定的积极意义，它反映了人生的主动原则，根据这一概念，一个人决定其人格的能力是与他独特的生活风格相一致的。但是要注意的是，创造性自我发挥的作用具有无定向性和盲目性，需要正确的教育加以引导。

（一）创造性自我是个体表述生活态度的方式

个体如何选择"砖块"进行构建以及将构建成何种人格，这既是"砖块"所奠定的必然趋势，又蕴含有建构者的创造性在内。严格意义上说，任何人的任何一种生活态度，都有其"创造性自我"在内，这才是人与外部世界的真实关系。在这种方式中，我们看到，人作为世界的主体，推动世界历史的进程，人在改造外部世界的同时，也进一步完善和改造着自我的人格和命运。人类历史是一部创造的、自强不息的历史，人与外部世界的关系，由于这种创造性的存在，才变得充满活力、可亲可爱，使原来荒漠无情的自然界，变成人的对象、美的对象。①

(二)创造性自我是人类生活中活的因素

阿德勒的创造性自我理论，在论述影响个体心理发展诸因素的过程中，始终对个体先天内在创造性力量进行强调，这种创造性力量统率着个体整个人格的发展。每个人在形成自己的生活风格时并不是消极被动的，而是能够根据自己的经验和遗传积极地建构它。创造性自我能够使我们成为自己生活的主人，决定人的心理健康与否、社会情感正确与否。阿德勒重视自我及其创造性在人格形成中的作用，深深地影响了人本主义心理学家，他们的自我概念都强调人的主观能动性。②

(三)创造性自我加深个体的主体意识

阿德勒对个体内在创造力量的强调实质上是对人的主观能动性的强调，这必然导致个体提高自我意识，加强自我认知，促使个体更加注重自己的主体地位。知识经济与网络社会的到来，使得学习越来越具有个体独特性，社会需要具有自立精神、创造精神、主体性鲜明的人，相应地，教育也必须能够为社会培养出这样的人才。阿德勒的创造性自我理论为我们实施主体性教育提供了重要的心理学依据。③

(四)创造性自我促使个体形成独特的生命意义

儿童出生后，会从自身独特的遗传构成和独有的成长环境中获得某种

---

① 邰峰. 阿德勒人格理论浅评[J]. 探索与争鸣，1987(3).

② 刘飞. 阿德勒的创造性自我：研究的时代意义[J]. 科技信息(学术研究)，2007(32).

③ 魏小娜，高岚. 试论阿德勒的"创造性自我"理论及其在主体性教育中的意义[J]. 教育导刊，2016(4).

感觉和印象。创造性自我会使个体对这些感觉和印象作出解释，形成对自身和成长环境的主观看法。于是，儿童便拥有了自己独特的"生命意义"。但是，生命意义有正确与错误之分，正确的、科学的意义存在共同尺度，即有助于我们应对与人类有关的现实意义。拥有正确生命意义的个体乐于奉献，会追求有益的优越感目标，对他人和社会具有浓厚的兴趣，逐渐形成一种健康的生活风格，并善于通过互助合作解决社会、职业和爱情婚姻等现实生活问题。而错误的生活意义是一种他人无法理解且对社会无益的生活意义。错误理解生命意义的个体，缺乏社会情感，往往沉溺于追求一种虚假而无益于社会的个人优越感，很难利用正确的方式解决现实的生活问题，从而形成不良的生活风格。

第三节　学会激发孩子的创造性自我

人有一种先天的创造性力量和创造的潜能。每个人都能自主选择自己的生活、决定自己的未来，创造性自我理论正是建立在这种信念基础之上的，这对今天的家庭教育有着深刻的借鉴意义。阿德勒认为，每个儿童身上都存在着创造性自我。儿童在成长的过程中不可避免地会遇到各种困难和问题，如果缺乏帮助和指导，便可能形成不良生活风格、无益的优越感追求和错误的生命意义，这些会使儿童的创造性自我难以发挥应有的作用，从而导致儿童形成人格缺陷。由具有人格缺陷的儿童发展而来的成人将很难成功地解决人生的三大问题，往往沦为生活的失败者。

一、需要规避的错误方法

(一)依据生活风格对孩子进行标签化定义

阿德勒强调，生活风格不是要把个体分成不同的类型。所谓的类型，只是帮助我们归纳并理解个体之间相似之处的一种方法，比如根据智力水平分类，就能更好地研究各类水平人群的个体特征。但是，我们应当切记，不能总是按照同样的方法进行分类，分类的宗旨是要能凸显同类人的相似点，而不是一旦将某个孩子归为某一类型，就是为他贴上了撕不掉的标签，再也无法做出任何改变。

（二）总是对钻进牛角尖的孩子进行责备

对于一个花心思不断试探别人对他的态度、成天担心丧失宠爱的孩子来说，简单的解决方案就是让他与世隔绝，让他不再和别人竞争，但这是不可能的。于是，孩子必须自己想方设法拯救自己。遗憾的是，孩子往往无法凭借逻辑、常识和事实选择一条正确的道路，而是一味钻进了猜疑的牛角尖，把自己封闭在一个狭小的天地里，一心想着逃避。他与旁人毫无瓜葛，对他人也毫无兴趣。父母不应该在此时责备他说"你不正常""你怎么这样""我从来没有见过像你一样的孩子"……把失望与伤心的负面情绪向孩子毫无顾忌地展露出来。

二、需要掌握的正确方法

（一）依据孩子的生活风格来理解孩子

父母通过与孩子进行简单的对话和提问，就可以大致判断出目前孩子生活的状态如何、他的困难和问题所在。例如，如果孩子不想独自面对人生，只想让爸爸妈妈宠着自己，回避人生中的重大问题，他就会不思进取，沉湎于毫无意义的事物之中，缺乏对社会的情感和兴趣，这样的孩子怎么会想着积极生活呢？为了了解一个孩子的生活风格，父母可以选择一种常规的生活风格作为衡量的基础，也可以选择社会适应良好的孩子作为标准，通过对比来发现异常。

（二）激发孩子的社会情感

培养儿童的社会情感，具体应该采取什么措施呢？如果孩子总是过度紧张，总是不停地去验证自己固有的想法，父母要想改变孩子的这种想法，就必须走进他的内心，打破他的成见。尽管孩子的自卑感是不可能根除的，但父母可以尝试改变孩子的目标。孩子把逃避当成目标，是因为在他眼里，别人都比自己更受欢迎。为了减轻孩子的自卑感，父母必须让他知道是自己低估了自己。父母不仅要纠正孩子的认知偏差，放下对孩子的刻板印象，还要主动亲近孩子，不管孩子如何试探，都要保持对孩子的兴趣与关爱，让孩子相信父母是无条件爱他的，自己是被接受的。父母可以向孩子指出问题所在，让他知道正是自己过度紧张才出现了"如临深渊、深陷绝境"的幻觉，这会阻碍他的健康成长，影响他建立良好的个人形象。

（三）帮助孩子构建有益的生活风格

生活风格分为良好的风格与不良的风格，处于不良生活风格中的孩子，要么习惯于支配使唤别人，一味向他人索取，要么逃避问题，这都是孩子独立性差的表现。阿德勒提倡，每一个家长都应该努力，帮助孩子形成健康的生活风格，即"社会利益型"的生活风格，以让孩子能积极地面对生活中存在的问题，用积极的方式去正面化解这些问题。懂得奋斗贡献是人生真谛的儿童，会觉得这个时代是自己完成创造工作、对人类有所贡献的时代，哪怕这个世界存在邪恶、苦难，但这仍旧是我们的世界，它的有利与不利都属于我们。①

（四）相信并保护每个孩子的创造潜能

创造性是个体主体性的基本特征。阿德勒认为个体天生就有一种内在

---

① ［奥］阿尔弗雷德·阿德勒.活出生命的意义［M］.柴晚锁，吴维中，译.北京：北京大学出版社，2019：246.

的创造力，这种创造力只有在适当的条件下才能释放出来。父母应该认识到每个孩子都有创造的潜能，这种创造不一定要有某一具体实物，只要有创造的意识，有创造的动机就可以。同时，父母必须保护孩子的创造意识，激发他们的创造动机，这一点尤为重要。孩子往往有着不同于成人的"奇异"想法，做出一些让老师和家长看来不可思议的事，这经常会引来老师或家长的批评和指责，但他们并未想到孩子们的创造意识与欲望往往就这样被扼杀了。所以，家长必须给孩子一个宽松自由的创造空间，保护他创造力的种子，孩子在日后才会有更大的发展可能。[①] 那么，如何保护孩子的潜能呢？

一是重视孩子的情感因素。在人的创造活动中，人是作为一个整体进行创造活动的，这种整体性首先表现在知情活动的合二为一，即是说，我们的创造性思想和观念，常常在我们淋漓尽致地表现情感之际出现，而人的情感一旦受到压抑，先天的自我创造性潜能就得不到发展和实现，由此陷入僵化、刻板、墨守成规的状态，最终丧失创造力。

二是创设良好的教育心理氛围。这是让创造性自由表现出来的重要心理环境，美国人本主义心理学家罗杰斯认为，"心理的安全和心理的自由是促进创造性的两个必要条件"，为此，父母应当尊重孩子、关心孩子，做到和孩子在人格上的真正平等，允许并欣赏孩子"奇异"的想法，鼓励他们大胆去想、去干。

三是丰富孩子的知识。创造思维不是凭空产生的，它必须以一定的知识经验为基础，父母应为孩子提供丰富的知识材料，或鼓励孩子参加多样的社会实践来获取知识，从而为创造力的发展打下基础。

---

① 魏小娜，高岚．试论阿德勒的"创造性自我"理论及其在主体性教育中的意义[J]．教育导刊，2016(4).

（五）尊重儿童的主体性，开展主体教育

教育是一种培养人的活动，它应该不断地促进孩子自主获得发展的积极性，这种发展是儿童潜在的能量不断地表达与显示的转化过程，不论是知识、能力、个性还是身体的发展都是如此。家长应当尊重孩子的主体意识，让孩子能够自我选择和自我决定。正是这种思想，启发我们应树立儿童主体原则，将孩子潜在的主体性转化为现实的主体性，从而将孩子培养成为具有自立精神、创造精神、主体性鲜明的人。具体来说，可以从以下几点来着手①：

1. 提升孩子的自我意识

自我意识是对自我存在的认识，是对自我的认识活动和实践活动的认识和评估。自我意识就是主体意识。孩子只有意识到"我"的存在，才能充分理解自己的主体地位。

父母在日常生活中引导孩子全面认识自我，进行自我评价。自我评价是孩子提升自我意识的有效途径。美国人本主义心理学家罗杰斯认为当一个人以自我评价为主、他人评价为辅时，他的独立性、自主性和创造性就会得到促进。拥有教育智慧的家长应当让孩子自己去判断，允许他们犯错误，而且，还要让他们自己判断选择的结果。

引导孩子积极地悦纳自我。让孩子认识到自己的优点，从而促使他们产生自尊自信，克服自卑感。父母要和孩子之间建立平等的人际关系，使孩子意识到自己是一个能动自由的主体，从而形成对他人、他事的积极态度，促进自我的不断完善。

2. 鼓励孩子积极地进行主体参与

主体参与包括参与意识和参与能力，家长通过采取各种措施，充分调

---

① 魏小娜，高岚. 试论阿德勒的"创造性自我"理论及其在主体性教育中的意义［J］. 教育导刊，2016(4).

动孩子的积极性和主动性，使孩子积极主动地投身到家庭生活、学校生活乃至社会生活中去，激发孩子真正想参与的兴趣，从而促进孩子主体性发展。

父母必须首先参与，这是孩子主体参与的前提。父母只有以饱满的热情去参与生活、面对工作，孩子的热情才能被充分地调动起来。父母还可以为孩子创造主动参与的有效机制。父母必须注意在家庭、学校、社会活动中支持与认可孩子所付出的努力，否则，如果孩子在活动中一直处于失败状态，就会产生消极的情绪体验，从而挫伤参与的积极性。父母在活动中应给予孩子充分的自由，对于能力水平不同的孩子，可以让他们分别参与不同类型、不同层次的活动，保持孩子积极主动的状态，发展他们的主体性。

3. 培养孩子自我教育的能力

自我教育是个体自我意识的不断延伸，是孩子在其主体意识的基础上，把自身作为教育对象，根据社会和个体的需要，自主地进行自我选择、自我内化和自我控制，从而提升自身主体性的教育。自我教育是社会发展的必然要求，也是确立自我在教育中的主体地位的有效途径。知识经济的到来使得知识以前所未有的速度不断更新，孩子仅靠学校中的知识传递，远远跟不上社会发展的需求，个体必须具有自主学习的能力，在联合国教科文组织编写的《学会生存》一书中，认为"未来的学校必须把教育的对象变成自己教育自己的主体，受教育的人必须成为教育他自己的人，别人的教育必须成为他自己的教育"。只有引导孩子进行自我教育，他才能确立起自我在教育中的主体地位，教育内容才能变成"为我而存在的"，教育信息才能为孩子所接受、内化，孩子在教育中的能动性、自主性、创造性才能得以充分发挥。

第四节　典型案例

【案例一】找到自我的小睿

小睿是一个敏感多疑的男孩，自开学以来，总是觉得别人排挤他，换了好几个同桌，有时还会顶撞任课老师，对学习更是破罐子破摔。老师看着着急，多次和小睿的妈妈联系，听妈妈说小睿在家也不服管教，说多了就吵架，晚上和周末还经常和几个邻班的学生出去玩。

小睿来自单亲家庭，在小学时父母就分开了，父母婚姻的变故、家庭关系的破裂，让他没有安全感，变得自卑多疑。老师在了解情况之后，曾多次找小睿谈心，发现他学习成绩不佳是因为父母离异让他一时间难以愈合心灵创伤，让他已经习惯了破罐子破摔，自顾自地认为反正父母也不在意，他们只是忙他们的事。长时间地被忽视、父母关爱的匮乏，都使得小睿内心的自卑吞噬了他的自信。

小睿的妈妈意识到，自己不经意的忽视对小睿的伤害。因此，她立刻采取行动来改变现状，经过与老师的多次沟通，妈妈决定要多对孩子倾注爱心，多多陪伴孩子，走进小睿的心灵。亲子沟通要以情动情，在老师的建议下，小睿妈妈和小睿之间利用微信交流，妈妈每天使用微信和小睿聊天，尝试用小睿能理解的语言让他了解妈妈这么多年的隐忍与不易、小睿出生时的百般期待……终于，小睿脸上的愁云慢慢地消失了。

同时，老师和妈妈开始寻找孩子身上的闪光点，发现小睿爱好运动，尤其是喜欢打篮球。于是，小睿妈妈在校外给小睿报了一个篮球兴趣班，利用周末时间陪孩子去打篮球。学校组织篮球比赛，上赛场前，妈妈鼓励小睿说："加油，我儿子最棒！虽然妈妈知道比赛中身体对抗是免不了的，但还是尽量保护好自己不要受伤，不然妈妈会很难过。"小睿所在班级对抗的是年级中最强的队，小睿和其他几个同学通力合作，打得很顽强，他们的表现激起全班同学齐声呐喊，整个篮球场响彻着对他们的加油声。小睿作为主力队员，在篮球场上帅气的表现和顽强的精神让人动容，虽然最后成绩并不令人满意，但是班级凝聚力空前高涨，而小睿在同学们的支持下，顺理成章地做了体育委员。

从那以后，老师发现小睿上课开始回答问题了，对待班级事情也很负责任，妈妈也发现小睿开始主动帮助她，虽然还不太会用语言表达对妈妈辛劳的感激与爱，但会在妈妈进门时递给她一杯温水，为她送上拖鞋……鉴于小睿的表现，在家长会上，老师让他作为进步学生代表发言。小睿的发言真诚，积极上进，家长们都给予他热烈的掌声，小睿的妈妈更是感动得眼含热泪。

在离婚家庭中，孩子是最容易受影响的，如果稍有不慎，这种影响就会转变为伤害，不仅影响孩子的学习，更会阻碍孩子的人格与身心健康发展。所以他们特别需要家长帮助超越自卑，产生自我效能感，创造出一个独特的自我形象。阿德勒认为，在产生自卑感后，个人会希望变得更加有力量以补偿不足之感，因此每个人势必会通过某种途径进行补偿。如体弱者可通过持久的体育锻炼以增强体质。个体也可以钻研自己本就擅长之处，将这种擅长发展到极致，由此而得到的成就感会帮助个体增加自身价值的认同，形成创造性自我。本案例中，小睿妈妈向孩子倾诉心声，让孩子感受到关爱，为亲子矛盾设置了缓冲带。并积极寻找孩子的优势，帮助他树立自信，突破自我，也为孩子形成创造性自我创设了条件。

（案例来源：滨州实验学校　邓颖）

【案例二】"我"想给班级争光

小何五年级开学初转学到新班级，老师和同学们发现他有些内向、不善言谈。开学一周后，每天都能听到大家去老师那里"申诉"的声音，"老师，小何在我书上画画""老师，我俩在那里玩，他总是捣乱，还拽我头发""孙老师，你们班小何同学在我的课上就各种捣乱，严重影响我的教学秩序"……

老师进行线上教学时几乎看不到他的身影，他从不交作业，老师联系家长，小何妈妈也拿小何百般无奈，沟通无果。五年级第二学期开学几天后，小何没有任何预兆地不来上学了。在学校运动会前夕，小何却出现在学校，妈妈告诉老师说："他想为班级争光，运动会上要给班级拿块金牌"。

其实，小何在幼儿园时是个听话可爱的孩子，但上一年级时弟弟出生，妈妈既要工作又要照顾弟弟，没有过多精力照顾小何，而让爷爷、奶奶来帮忙。奶奶爱唠叨，爷爷爱发脾气，总爱否定孩子。渐渐小何的性格发生了改变，只愿意和班级几个"捣蛋鬼"做朋友。在父母不知情的情况下，小何学习成绩一落千丈……

五年级第二学期开学后，小何逃避上学，天天在家，父母对给小何造成的伤害后悔不已。爸爸妈妈商量分工，妈妈决定请一个长假，一心一意陪伴孩子，并发动身边的一切力量，寻求众人帮助去打开孩子的心结。

为了让小何适应新学校，妈妈在学校附近的小区租房，周末带着小何和同学们郊游，给孩子们空间，让同伴说服他按时到校。妈妈还拜托小何喜欢的任课老师给他发教学资料，多说一些鼓励的话。班主任也第一时间邀请小何参加班集体活动，给他提供上台的机会，并提前在班级做了同学们的思想工作，小何感受到应有的尊重和关心，回家都会把在学校的快乐分享给妈妈。

　　此外，妈妈知道小何最喜欢姑姑，妈妈就带他去姑姑家，一起和表哥游戏。小何擅长跳远，妈妈便常带他去户外运动，记录他每一次的跳远成绩，还请教体育老师。眨眼间运动会到了，他最拿手的跳远得了第三名的好成绩，虽然没有实现"我要拿块金牌给班级争光"的诺言，可得到老师的称赞，看到同学们羡慕的目光，他发自内心地笑了。之后的日子里，他基本没有请过假，返校后也能和同学友好相处。

　　阿德勒的理论强调人的自主性，认为每一个教育者都需要正确看待儿童的优缺点，在生活学习中积极引导孩子，使其扬长避短，客观看待自己的不足。本案例中，小何在父母和老师的引导与帮助下，通过发挥自己的运动优势，找到了自己正确追求优越感的合理途径，并不断予以优化，逐渐塑造出一个创造性自我的形象，同时在发挥创造性自我的过程中，小何也有了接受自己不足、直面错误的勇气。现在，小何的爸爸从最初的简单教育方式中走了出来，妈妈更是给予孩子足够的耐心和陪伴，还有老师的关怀与同学们的包容，小何开始感受到学校生活的乐趣。

　　　　　　　　　　　　　　　（案例来源：西安博迪学校　孙亚新）

第七章 教育孩子是科学与艺术的结合

教育孩子是为人父母的天职，这是父母都明白的常识。然而，教育孩子不是随心所欲的说教，更不是简单粗暴的打骂，它既需要具备科学的知识和技能，也需要掌握必要的技巧和方法，如此才能取得理想的教育效果。

第一节 教育孩子需要兼具科学性与艺术性

当父母容易，做父母难。孩子是需要教育和引导的，然而，年轻父母往往缺乏对孩子的正确认知。阿德勒认为，对于一个未成年的孩子，给予他正确的指导非常重要。只要我们愿意，我们可以纵容孩子不遵守自己的意志，如果他们有无限的时间和适当的环境，他们可能最终会适应现代文明规范。但这是不可能的，因为人的一生不是无限期的，所以，成年人必须去关心和指引儿童的成长。

一、教育孩子是一门科学

教育是一门科学。在长期实践中，无数前辈为总结教育经验、探索教育规律付出了大量艰辛的努力。近代以来，英国科学家培根首次将"教育学"作为一门独立学科提出来；"教育学之父"夸美纽斯发表了近代第一本教育学著作——《大教学论》；德国心理学家和教育学家赫尔巴特的《普通教育学》标志着科学教育学的产生。从此以后，教育作为一门科学正式登上人类学术的殿堂。19世纪以后，教育学与其他学科一样，朝着科学化、系统化、精细化的方向发展，出现了很多分支，从不同角度论述了教育目的、教育内容、教学过程以及教学方法等问题，极大地丰富了教育研究的理论成果。

教育的科学性体现在教育应当遵循社会发展方向与个人需要的规律。时至今日，尽管各式各样的家庭教育理念、概念争相涌现，教育焦虑大多与此相关，如何在当下教育"内卷"中独立思考、辨别是非，就需要父母掌握教育孩子的科学。

二、教育孩子是一种艺术

教育是一门艺术，与其他艺术同样是独特而具有创造性的，它接近孩子的心灵，直抵灵魂深处，是关于孩子的美好期待。教育艺术的复杂性、艰巨性、创造性，就是要"善于感觉到一个人身上那种纯属个性的东西"。①

这也就是说，教育需要的是人与人的际遇，它应当充满了人情味，不是以冰冷的数字、术语堆叠起来的。孩子就像一株充满生命力的嫩芽，每天的神采都不同，而教育就像养花一样，一边养一边看，一边静待花开，不要着急。

父母应当意识到，孩子来这世界一遭，是要去乘风破浪地发现他自己。而我们在和孩子的相处里，应当学会看见众生，看见教育的本质，看见生命的不屈不挠，看见学习的乐趣。尽管不能完全排除焦虑，偶尔会克制不住自己的情绪对孩子吼叫，但是在陪伴孩子成长的分分秒秒里，都是

---

① ［苏］B. A. 苏霍姆林斯基. 苏霍姆林斯基选集［M］. 北京：教育科学出版社，2001：388.

彼此生命的相互映照。

第二节　用科学与艺术的视角来审视正确的教育

家庭教育虽然没有学校教育那样规范和有计划性，但其目标追求和教育过程仍有许多相似之处，即家庭教育也应遵循教育规律，要用科学知识、恰当的方法教育孩子，注重人格教育和心理健康发展。

一、人格教育要兼具科学性与艺术性

人格常常被认为是由人的心理、气质、生活习惯等展现出来的一种个性心理特质。它与人的先天性关联不大，它主要是靠后天的教育培养才形成起来的，它与后天的生活环境、习惯养成和接受的教育紧密相关。

人格教育是科学性与艺术性的统一。人格教育的科学性，在于其是以个体心理学为依托、以阿德勒及其后继者不断进行的探索与研究为基础，从而形成的一系列具有普适性的教育规律；人格教育的艺术性，在于其发展儿童完满的人格，使其"止于至善"本身就是艰巨的任务，父母需要掌握大量的教育智慧，引导孩子有益而充分地发挥创造性自我，这段过程是父母与孩子共同成长的生命印记。

受物质主义和狭隘功利主义的影响，一些错误的教育理念漠视人文关怀和人文精神，呈现出浅薄化和浮躁化的特征。在这种教育理念的指导下，许多家长与老师过于倚重学科知识传授，将学业成绩作为衡量儿童发展的标杆，却忽视了孩子心灵的成长和健全人格的培养。在不合理的教育体制下，孩子接受了多年教育，但所获得的有关心灵和人性方面的知识和指导却非常有限。而且，现在社会竞争激烈，攀比成风，轻视和睦友善和人文关怀，导致越来越多的孩子承受着巨大的身心压力，心理问题的出现呈现低龄化趋势。

阿德勒认为，家庭教育的一项重要任务在于要使儿童的人格得到健全发展。因此，从教育上看，儿童健全人格的培养具有至关重要的意义。阿德勒人格教育旨在培养孩子的合作精神和社会情感，塑造孩子的整体人格，从而彰显个体的生命意义，提升个体的精神境界。教育受到社会理想的影响与制约，如果今天的理想人格是独立、自我控制、情绪稳定和勇敢，那么家庭教育、学校教育乃至社会教育都要做出相应调整，以培养接近这种理想的人。

二、正确的养育是父母的义务底线

给予孩子正确的养育，是为人父母的义务底线，而不应该是一件做到了就值得大肆宣扬的事情。只不过许多父母都只做到合格，使得一些父母对自己的要求降低，因为"别的父母也这样"。正所谓"因材施教"，每个孩子都是独特的，尽管有一定的客观标准，但父母必须注意把每个孩子作为个体来对待，这是家庭教育的优势所在。

这里的正确养育，不是学科教学，而是指最为重要的人格发展。在阿德勒的观点里，在孩子人格形成的过程中，有两点是可以重点开发的，分别是智力开发与行为塑造。然而，我们在教育孩子的过程中，往往只强调智力的开发，却忽视了行为的塑造；或者只塑造了行为，却忽视了智力的开发。孩子人格的形成，往往是在孩子不自知的情况下，各种行为习惯趋于稳定，此时孩子的意识已经可以主导其心理活动，并且拥有了独立的思想，也就拥有了独立的人格。我们会发现任性的孩子不仅常出现于社会地位不高的家庭，也会出现在社会地位相对较高的家庭。有些成年人自己拥有较高的职业声望，却似乎没有能力为自己家庭带来和平与秩序。阿德勒对此现象的解释是：作为教育者的父亲，借助他们自以为是的权威，把严格的规则强加给家庭，威胁甚至剥夺了孩子的独立，他们无意识地唤起了孩子身上的反抗情绪与报复心理。值得注意的是，父母刻意的教育会使自己特别关注甚至是过度干预孩子，这样做产生的消极作用就是孩子会时刻处于中心，认为别人应该为他解决困难，而自己对此不需要负任何责任。①

错误的家庭教育会加速孩子的"黑化"。儿童生活风格的形成受到父母教育的影响，尤其是纵容和忽视这两种教养方式会促使儿童形成不良的生活风格。有的家长采用严厉管教的方式，为"棍棒底下出孝子"等不当教育理念作辩护，但是真正的教育不会让儿童与教育者渐行渐远。正确的教养离不开正面管教，正面管教对孩子和家长双方都不会造成伤害，以相互尊重与合作为基础，把和善与坚定融合为一体。

只有扭转孩子的处境，他才会发生真正意义上的转变。教育者要是能够比较温和地理解他，认真与之谈话，给予他重新出发的勇气，而不是一味削弱或打击他所剩无几的信心，孩子便可能突然变得勤快起来、振作起来。不论教育理念如何变化发展，我们都应当始终坚持实现人的全面发展。作为教育者，必须意识到人格教育的重要性，秉持正确的教育理念，具备正面管教的知识与方法，才能帮助孩子实现"完满的人格"。

第三节　家长应该在不断学习中履行义务并提升技能

阿德勒是最早关注教育的心理学家之一，他所创立的个体心理学派强调了人格的重要性，提出了诸多关键的概念与理论，诸如生活风格、生命意义、自卑与超越、社会情感、创造性自我等，都对培养具有健全人格的儿童具有重要意义，对家庭教育具有深刻的指导作用。

---

① ［奥］阿尔弗雷德·阿德勒. 儿童的人格教育［M］. 彭正梅，彭莉莉，译. 上海：上海人民出版社，2014：41.

一、家长要学会科学的家庭教育知识

（一）家庭教育的目的

人们通过优越感目标来引导自身心理与人格的发展。阿德勒认为，追求个人权利是在追求一个错误的目标，因为他总是将他人视为敌人，而追求对他人、对社会的贡献，才能够让人拥有不朽的感觉。我们对美的追求，总是基于健康和对人类进步的渴望，这就要求这些美丽的东西必须是有利于人类利益、有利于人类未来发展的，这代表了我们希望的孩子发展方式。

世界滑雪冠军谷爱凌在采访中说，我想做到最好，但不是非得把别人压下去的那种最好，人家要做三周翻，我也要去做吗？在追求"最好"的这个过程中，我意识到，敌人不是别人，别人想做多好就做多好，什么东西不让我做到我最高兴的才是敌人，我最高兴的是能做到最好的成绩，所以，摔跤、受伤这些才算是我真正的敌人。

阿德勒指出，培养社会情感和给予孩子勇气是儿童教育的两个目标。人生是长跑，不急于一时，会遇到很多次机会。每个人都要做好长期面对挑战的准备，即使面对大的打击也要有重来的勇气。在社会中，那些做出杰出贡献的人，未必是智商最高的人，未必是天才，但他们都是有勇气解决一个又一个难题的人。当孩子具备了真正的社会情感和勇气，他就是一个拥有主体资格的人，能够坦然地面对这个世界，说"这是我的世界，我有责任有义务让它变得更好"。尽管教育的最终目的是指向社会性，但这不意味着要扼杀、遏制孩子的个性需求发展，我们要不断重申——个性的价值是因为在社会中发展才是有意义的。

（二）家庭教育的内容

家庭教育的开展应该紧紧围绕"如何使孩子发展出完满的人格"这一主

题。在家庭教育中，特别是儿童早期的家庭教育，家长要更加重视儿童的情感教育，注重儿童意志品质的磨炼和个性品质的培养，而非仅仅片面强调早期智力开发，迫使儿童识字、算数、背诗等。

首先，家长应教育孩子理解生命的意义，引导孩子关注其他人并开展能使彼此获益的合作，处理好三大基本问题。个体心理学旗帜鲜明地提出，对社会有益的事物就是"正确的"，任何伟大的成就都是在社会生活中、朝向社会情感而实现的。对社会关系、职业、两性这三大基本问题的处理更能揭示个体真实的自我，三个问题必须基于社会情感才能解决，这些任务在儿童早期就开始以不同形式出现，使得儿童在与父母、兄弟姐妹、亲戚、朋友同伴、老师的关系中健康成长。

其次，教育孩子保持合理的自卑感，从而激发其个体的想象力，刺激其进行改善处境的尝试。阿德勒提出的自卑与追求优越这两个概念，可以用来解释人格发展的驱动力。如果是处于一个相对优越的环境之中，个体的这种自卑感会得到缓和。阿德勒认为，追求优越是人们行动的根本动力，它可以激发人的潜能，但如果没能成功地进行补偿，就可能会产生自卑情结，去寻求错误的方式来追求虚假的优越感，产生优越情结，这就是错误的补偿。

再次，教育孩子追求符合社会发展方向的优越感，激发其自身的无限潜能，努力实现通向成功的目标。阿德勒不止一次地强调，每个孩子都追求优越感，教育者的任务就是把这种追求引向有益的方向，在此过程中，必须确保孩子对优越感的追求能给他们带来精神健康和幸福，而不是精神疾病和错乱。

从次，教育孩子融入社会，唤起和培养孩子生存与发展所必需的社会情感，形成良好的生活风格。社会情感以合作和人人平等为基础，以同情他人开始，以达到理想社会终止，即社会情感的两个关键词就是奉献与合作。对我们每个人来说，由社会情感带来的安全感无处不在，它早已成为我们生活的一种支撑。

最后，教育孩子发展创造性自我，使其拥有一种主动性力量，从外界环境的影响中脱颖而出，在自我的创造中确立自身的价值。阿德勒坚信，每个人都具有独特性，有着独特的生活风格。人类不是遗传和环境影响的简单、消极的接受者，遗传和环境只能为人的发展提供可能性和客观条件。虽然个体从小就形成了固定的行为模式，但人还是可以通过主观能动性、人的创造性去构建自己独特的生活风格。我们永远可以找到原生家庭有一大堆问题的人，关键是个体怎么看待这些经历，怎么克服自己的阴影。

二、家长要学会正确的家庭教育方法

(一)从整体论与目的论的角度认识儿童的行为目的

阿德勒的心理学是个体心理学，这里的个体指的是个人、一个生命体，事实上饱含了不可分割之意，他强调把人看作不可分割的整体，个体所有的感受、理性、感性等都是密切联系的协作关系，最终都指向个体的目的。人的一切行为都是有明确目标的，个体心理学考虑的不是过去的原因，而是关注现在的目的，有些人表现出的异常行为，是对真实目的的掩盖，不是不能，而是不想。如有的人有拖延症，看上去他是因为各种原因导致了拖延，但实际上他的目的是不去做这件事。所以要改变人行为上的问题，就要找出其真实目的。

阿德勒告诉我们，在儿童教育上，脱离儿童的整体发展背景来认识某一单独的行为是不可取的。如果孩子调皮捣蛋，做出一些不妥当的恶作剧行为，并不是单纯地觉得捉弄大人有趣，而是希望引起大人的关注。这里的引起关注是儿童真实的目的，表现出的行为就是恶作剧。因此，当我们想要纠正儿童的行为，最应该洞察的是其目的，而不是停留在行为上，或仅对行为做出反馈。

一些孩子在家里受到很多的关注与重视，可一旦进入学校，这种关注和重视就会减弱，孩子因为不习惯会形成自卑心理，希望超越现实，让自己在学校也能受到在家里一样多的关爱。于是，孩子的行为慢慢会发生一些改变。这种变化的形成更多的是因为孩子期望通过自己的努力来提高在学校的认可度，包括优异的成绩、调皮捣蛋、恶作剧等。这时，家长不能一味地指责孩子捣蛋犯错，而应该给予孩子正确的引导，留心孩子细微的变化，观察孩子在家的表现，以此来判断孩子的行为动机，不能只纠结于表面问题。

(二)尊重孩子的习惯

有的家长面对孩子的一些不良习惯，把责任全部推到孩子身上，却不从自己身上找原因，动不动就打骂孩子，以为这样就能让孩子"迷途知返"，却从不注意引导孩子纠正和战胜不良习惯。这种做法不仅对孩子不负责任，更纵容了自己的错误。

儿童的习惯养成可分为两类：一类是无意识的习惯养成，始于婴儿期，七八岁时基本定型；另一类是有意识的习惯养成，源于知识和技能的学习。父母需要包容孩子无意识养成的习惯，尊重他们在成长过程中形成的新习惯，不仅能帮助他们保持无意识的习惯，还能帮助他们整合和巩固新习惯。只要父母在孩子形成无意识习惯的这个年龄阶段着重开发儿童智力，引导儿童进行观察与思考，就不仅能够锻炼儿童的思维能力，还能培养儿童勤于思考的好习惯。因此，父母应通过让孩子学习知识与技能的方式来培养孩子良好的思维能力和习惯，从而在孩子智力开发上起到很好的促进作用。

(三)理解并教导孩子正确追求优越

生活方式体现了优越感，如果我们想改变孩子的行为，就要先找到孩子对优越感的理解。一个人对于优越感（正确的优越心理）的目标一旦确定，他的生活方式便有了方向，所有的行动都与这一目标一致。我们只要帮助他实现确定的优越感目标，他的心理习惯和态度就会随之改变，适于新目标的新习性和新态度会取代旧有的习惯和态度。

个体心理学认为，只关注个体细枝末节的行为是本末倒置的做法。如果我们不允许孩子运用某种方式追求优越感，他总会找到新的方法来实现他的优越感目标。其实，父母并不了解自己的孩子，我们可以试想这样一个场景：有些孩子踩着椅子爬到窗台上，绝大多数家长的想法一定是"这太危险了，我得让他下来，椅子也得给他撤了"，而不明白孩子为什么要爬上去。孩子会觉得他坐得高一点儿，父母才会注意到他，倾听他说话，他也不会因为矮小而感到比父母弱，这就是他的优越感目标。如果孩子的优越感目标没有改变的话，即使没有椅子，他也会找别的方式爬上去。

父母应意识到优越是指相对于自身的优越，是个体自身的发展，而不是相对于其他人的优越。所以父母应该摒弃攀比心理，教育孩子追求优越应该更多地将目光放在自身的纵向发展，即自身的进步上，而不是一味地将孩子不断地与周围的同龄人相比较。此外，追求优越要避免优越情结，造成优越情结的主要原因是掩饰自己的缺点，总是关注自己，很少关注他人。因此，父母在家庭教育过程中，不仅要让孩子关注自己，而且还要让孩子关注他人。

(四)建立孩子的自信与勇气

阿德勒说，如果一个人既缺乏勇气，又存在自卑情结，那么这两者的结合便会让他走向覆灭之路。父母的任务就是把孩子的绝望转化成希望，坚决摒除"有些人天赋异禀，有些人则不然""成功完全取决于天赋"等消极观点，而是要相信"任何人都能有所成就""成功取决于坚持"等积极观点，让孩子能在希望的引领下焕发活力，朝着生活的有益面不断前进。

鼓励是改善父母和孩子之间关系的重要技巧，是父母重视孩子的优点以及建立孩子自信与尊重的关键，有助于帮助孩子相信自己的能力。父母不要认为学业成绩、智力测验决定了孩子的未来，要明白孩子感觉自己受到的束缚才是教育最大的阻力，其真正受到的束缚并不是成绩。一些父母常常抱有过高的期望，要求孩子完美无缺，提出不合常理的高标准，让孩子们相互竞争，对自身和孩子持有双重标准。其实，父母应接受孩子本来的样子而不是去期待成为别人认为的样子，保持积极的态度，相信孩子，重视孩子的贡献和自身的优点，多使用鼓励而不是严厉批评。另外，父母还要避免溺爱和负面评价出现在自己对孩子的教育中，因为这只会让孩子从正面对抗转向逃避问题，能让孩子过好这一生的是帮助他们找到自己的长处，并且鼓励他们相信自己，让他们拥有面对一切的勇气。

(五)培育孩子的社会志愿

一个人的眼界受限于其社会情感的发展水平。在阿德勒看来，父母在教育孩子的过程中，不仅要保证他们衣食无忧，更重要的是要照顾好孩子的心理，尤其是对孩子成长过程中表现出的社会情感的发展程度要给予重视。人类对于价值与成功的一切判断，都基于合作，所以父母对于孩子的行为、理想、目标以及性格特征等要求，都应当有益于人类的合作。

只有培养起儿童的社会情感，才能让他们学会用合作的态度与世界相处，才不会陷入孤立无援的境地。父母不要认为学校的活动会影响学习，就不支持孩子参与，这样的判断和做法不仅是错误的，而且阻碍了孩子成长。有些家长不明着阻拦孩子参与，而是以一种应付了事的态度让孩子参加，这都是不支持的表现。比如，学校倡导的"小小志愿者"活动，希望孩子能够有志愿服务的意识，但有的家长只会让孩子做个样子、随便摆拍几张照片，却不知道这在孩子心中埋下了许多难以纠正的偏见，他们会认为志愿服务是一个笑话，没有人会认真地践行这样的善举。

（六）激发孩子的创造性

创造性自我可以使人按照自己选定的方式建立起独特的生活风格。例如，某些有生理缺陷的人经过补偿发展成为对社会有益的人，而有的人却形成自卑情结，一事无成，其差别在于选择。随着知识经济与网络社会的发展，社会需要具有自立精神、创造精神、主体性鲜明的人，相应地，教育目标也必须是培养这样的人。

阿德勒认为，每个儿童身上都存在着创造性自我，它影响着人格的构建和心灵的成长。如果自卑感没有发展为自卑情结的话，每个孩子都会努力去做一个有价值的人，朝着生活的有益面而努力。父母要挖掘孩子的潜力，帮助孩子树立信心，给予他们鼓励，改善相互的关系。这就要求父母必须有勇气面对不完美的自己，接纳孩子的努力，同时也允许孩子做不完美的自己，肯定自己的价值，制订切实的目标，关注他人，以社会情感和社会适应为抓手来达到正确而恰当的补偿，实现自我超越。

此外，父母还可以召开定期的、面向全体家庭成员的家庭会议，营造民主和谐的家庭气氛，促进家庭成员间坦诚交流，共同解决家庭纷争。议题可以涉及如何公平地分配家务、如何向家庭其他成员表达关心和爱护、怎样顺利处理冲突、计划家庭活动等。注意，这种会议时长对于年龄尚小的孩子而言不应超过半个小时，对年纪较大的孩子而言不应超过一个小时，尽量避免不准时召开、会议时间超时、一个人垄断会议议题、充斥抱怨和批评等问题。

（七）表达情感与意见沟通

父母在了解了自己的情感后，如何向孩子表达想法并进行有效沟通？在个体心理学的新思想中，有研究者主张通过反应式倾听和使用第一人称信息等方式来进行有效沟通。反应式倾听，又称反射式倾听，是指抓住孩子的感觉和想要表达的意思，然后把这个意思说出来，使孩子感觉到他们被理解、被接受了。

反应式倾听是一种开放式反应，不是简单地重复孩子的话，而是表明父母在努力理解孩子所传达的情感和意图。反应式倾听为孩子提供了一面镜子，使他们能够较为清楚地看到自己、认知自己。STEP（Systematic Training for Effective Parenting，有效的育儿系统培训）父母教育计划的合著者、个体心理学的后继研究者丁克梅尔提醒父母，反应式倾听是一种需要努力尝试和实践的技能。第一人称信息一般包含三个部分：行为、感觉和结果。对于行为的描述可以这样形容："放学后，你不打电话回家""我担心你也许出了什么事"说明了行为的结果使人产生的感觉；因此，结果便是"因为我不知道你在哪儿"在第一人称信息表达中，非言语因素至关重要，因为第一人称信息所要表达的是，积极感受和受到打扰的却不含责备的信息，也就是说以一种非批评的态度表达了对孩子的尊重。而第二人称信息表达了责备的意思，并传达了批评孩子的信息。第一人称信息要表达父母对孩子行为的感受，它的重心在于父母而不是孩子。

（八）运用自然与逻辑结果

丁克梅尔认为，大多数家长通常都使用惩罚来教育孩子，但是这种方法存在诸多弊端，它让孩子不会做决定，并养成不良的行为习惯。同时，惩罚会引起孩子的反抗等。

新个体心理学提倡一种叫作"自然与逻辑结果"的方法，这个方法旨在鼓励孩子做出负责任的决定，而不是强迫他们服从。其中，自然结果是让孩子们体验到真实的自然，逻辑结果则是让他们体验到真实的社会。这种方法的优点，在于教育孩子学会为自己负责，孩子可以学会自我判断，孩子通过向自然准则和社会规范学习，而不必被迫遵循他人的意愿。当然，这种方法的效果需要时间来证实。[①]

（九）建立父母之间的良好合作关系

父亲与母亲在家庭教育中同等重要，阿德勒认为婚姻关系中的男女应该是平等的，家庭中不应该有统治者，尽管父亲可能是经济支柱，也不能表现出养家是施舍，应该与母亲合作，母亲也不应该把父亲当作权威，把惩罚孩子的事情推给父亲。

如果父母之间的合作很糟糕，那么孩子对婚姻关系最初的看法也会很糟糕，很多原生家庭关系不和谐的孩子长大后更容易恐婚恐育。有些人对于人类的幸福并不太关心，他从来不会问自己我能为他人做什么，而只是问，生活有什么用，能给我带来什么好处，我要为此付出什么，别人有没有为我着想，等等。如果一个人是这样的生活态度，那么他在爱情和婚姻里也是一样的，他会一直问，别人能给我带来什么好处。只有夫妻双方都认为他们的共同幸福要高于自己的个人利益，才可能有真正的合作，对对方的兴趣要大于各自对自己的兴趣，这样他们之间才会有真正的平等，在爱情关系里接受合作的约束，而不是一味地追求自己的自由。在潜意识里对他人不感兴趣的人，会拒绝接受子女的负担，因为他们只关心自己，会把孩子看作一种负担和累赘。所以，如果一个人不是发自内心地喜欢孩子，不想为他人付出，就不要为了完成任务而去要孩子。婚姻对个体是一种非常高的要求，身心不健康的人很难承担。哪怕自己童年不幸、父母不幸，也不应该把这当作"自己将来也注定不幸"的借口，重点在于我们自己是否有让自己幸福的勇气。

（十）终身学习并加强自我反思

家长不必对自己不如学校教师的教育理念更新而感到焦虑，但是应当

① 吴杰．新个体心理学思想研究［D］．南京：南京师范大学，2012.

有自己关于教育的是非判断。当今世界是不断发展变化的世界，我们正在进入一个对儿童教育不断有新观念、新方法和新理解的时代，科学正在破除陈旧的教育习俗和传统，这就要求父母应自主地进行终身学习，保持冷静、理智与客观地面对当今多元各异的教育理念，仔细辨别并吸收其中合理的成分，更加理解儿童问题的同时，赋予自己更多的能力帮助孩子。

"棍棒底下出孝子"这类的教育方法会使得教育努力付诸东流，这是悲哀的。这里的"棍棒"并不单纯指体罚、鞭打这样的物理伤害，还包括受恶毒言语刺激的心理伤害。孩子若是在学校取得了较差的成绩，不仅要面临学校老师的批评、与同学相比的自卑，回家还要面对父母的严厉苛责，这就是说，孩子回想自己的同一个错误要受到多次惩罚，这是可怕的，因为孩子会害怕父母的责骂、老师的惩罚，便会在不好的成绩单上伪造父母签字，甚至逃课逃学。阿德勒说，对此，父母应当反思自己：我们的行为会对孩子产生积极有益的影响吗？如果会，会产生什么样的有益影响呢？这样的做法奏效过吗？孩子能承受加于其上的负担吗？他能够富有建设性地学习到什么吗？①

三、家长要学会用平常心态教育孩子

(一)保持信心的同时认真谨慎

一分耕耘，未必有一分收获。阿德勒在《儿童的人格教育》中谈到，教育者在孩子的教育上容不得半点灰心丧气，绝不能因为自己的努力没有得到即刻的回报就产生绝望的情绪；也不能因为孩子无精打采、冷淡漠然和消极被动而产生"摆烂"的念头；不要相信孩子有天赋或是没有天赋之类的

---

① ［奥］阿尔弗雷德·阿德勒. 儿童的人格教育［M］. 张庆宗，译. 上海：华东师范大学出版社，2017：194－195.

迷信说法。[①] 教育是过程性的，为了激发孩子的精神能量，就要持续给予他们更多勇气与自信，教导他们困难不是不可逾越的。

孩子和成人面对困难时的反应差异巨大，因为心理的不成熟，所以孩子往往不能妥善地处理问题。父母应当意识到这一点，对孩子进行教育时，要认真谨慎，在重塑孩子的生活风格之前，要理性地探讨其可能的结果。只有对孩子的教育与再教育进行了深思熟虑和客观判断的人，才能更为明确地把握自己教育努力的结果。[②]

（二）一直保持谦卑和宽容

温和而理性应该永远是家长对孩子的教育态度。父母不应该绝对而教条地和孩子谈话，即使是向他们提建议，也不要用威严的口吻，而是尝试将"可能""或许"等词融入自己的表达中，不要让孩子觉得是在命令、强迫他们。

富兰克林曾经在自传中写道："我曾被人认为是傲慢的，表现在我讨论问题时不仅满足于自己的正确，还有咄咄逼人和飞扬跋扈的自以为是，后来我就给自己定下规矩，不直接对抗别人的观点，使用'我的理解是''目前在我看来'等这样的字眼，避免当场指出别人观点的荒谬之处，而是回答'他的观点在某些情况下有其合理之处，但是在我看来，目前的情况似乎有些不同……'这使得我与他人的对话更加愉快了。"[③]可见，以谦卑与宽容的方式提出观点，更容易让人接受，反对意见也少了，这同样适用于父母与孩子的沟通，咄咄逼人的态度只会激起孩子的逆反心理。

---

① ［奥］阿尔弗雷德·阿德勒. 儿童的人格教育［M］. 张庆宗，译. 上海：华东师范大学出版社，2017：179.

② ［奥］阿尔弗雷德·阿德勒. 儿童的人格教育［M］. 张庆宗，译. 上海：华东师范大学出版社，2017：195.

③ ［美］本杰明·富兰克林. 富兰克林自传［M］. 蒲隆，译. 南京：译林出版社，2009：111.

(三)给予孩子无条件的爱

孩子一定是跌跌撞撞地向前奔跑的，成年人也是在错误与尝试中成长的，我们不可能指望孩子丝毫不犯错误。有的父母秉持所谓的"放养孩子""给予孩子充分的自由"，而不花时间与精力陪伴孩子成长；或者有的父母认为"我都为你牺牲这么多了"，从而对孩子产生过高的期待。孩子长大以后，当他没有什么事情做得很好的时候，就说"我的孩子不应该是这样的"；而当他做的某些事情令人满意时，便说"不愧是我的孩子"。坦白来讲，父母对孩子的爱如此势利吗？如果他是一个成功优秀的孩子，他就值得被爱；如果是普通平庸的，就不是父母的孩子吗？那么这样的爱与别的爱又有什么区别呢？

父母给予孩子的爱，应当是"你不需要很优秀，我就会很爱你"。父母不应该通过赏罚来训练孩子的听话程度，而是应该用无条件的爱建立与孩子之间平等的关系。不要让孩子在长大之后才开始学习接纳自我，不断地追问自己："我一定要变得漂亮、优秀……才能被爱吗？"

(四)不要产生比较心理

每个人都有自己擅长、喜欢的，也有自己不擅长、不喜欢的。父母应当发掘孩子的兴趣，而不是硬要将孩子安排到一个他不喜欢的赛道，逼着他获得世俗意义上的"成功"。父母不应当一味追捧"人上人"，这不是鼓励孩子超越自卑、追求优越，反而会让孩子产生自卑情结。父母应该直面孩子的平凡，不要将平凡当作贬义词，要意识到平凡不是平庸，每个孩子都能实现自己的人生价值，获得创造性自我的成就。

(五)对学校教育要秉持开放与合作的态度

虽然父母与教师都对孩子的教育做出了贡献，但是父母应该明白，教师的职业就是对孩子的教育，所以自己对新的教育观念没有老师敏感。个体心理学提倡孩子要为未来做好准备，这就提出了家校合作育人的新要求。教师在自己的教育工作中，必然与家长发生冲突，这是因为教师的纠正性工作是以家庭教育的某种失败为前提的，对此，家长不要认为它是一种对自己的批评而拒绝，而是要以友好开放的胸怀来配合孩子老师的工作，毕竟家校共育的目标是为了实现孩子更好的发展。

第四节　典型案例

【案例一】当青春期遇到中考

会考临近，部分基础较薄弱的孩子周末由家长陪同在学校统一复习，老师安排答疑。大部分同学都在积极备考，而小峥却支开了妈妈，一个人在座位上戴着耳机听歌或打游戏。老师多次提醒，他都无动于衷，最后老师找到了家长，小峥才停止使用手机。进入初中后的小峥一向以自我为中心，规则意识薄弱，无法接受同学和老师的批评，经常吹嘘自己，辱骂别人。

之后，小峥妈妈告诉老师说，小峥同意周末来学校复习，都是她前一天用物质承诺换来的。但小峥拒绝妈妈坐在自己旁边，非要让她去旁边的备用教室。而小峥手中的手机则是他前段时间作为回校上课的条件交换来的。

小峥来自重组家庭，三岁时父母离异，爸爸再婚，他有一个同父异母的妹妹。小学时他和爸爸、继母、爷爷奶奶共同居住。父亲粗暴，孩子一旦犯错就打骂，继母习惯用物质拉拢孩子的心，爷爷奶奶心疼孙子，百般宠溺。上初中后，父母和小峥单独住到了学校附近。父母怀疑小峥私藏手机，便翻阅小峥抽屉，小峥和爸爸发生了激烈的肢体冲突，一气之下搬回爷爷奶奶家，并要求爷爷给他买手机。父母三番五次去接他，小峥不想再受父母管控，他以自杀要挟，或以不上学要挟，甚至和爸爸打架、离家出走，总之就是拒绝和父母同住。住到爷爷奶奶家后，小峥经常玩手机到深夜，导致第二天上课经常打瞌睡，甚至把手机带到学校。老师发现后对其进行批评教育，小峥态度强硬，拒绝上交手机。中考临近，所有同学都在奋力备考，他却经常缺课。前期爷爷奶奶还会找各种理由帮他请假，到了后期直接旷课在家。

当老师找到家长沟通时，父母直言管不了小峥，爷爷奶奶表示他们对孩子的学业成绩没有要求，希望老师不要再"为难"他。老师找小峥谈话，发现他认为爸爸根本不爱他，但自己现在长大了，不怕他的辱骂与动手了，因此会还手。他觉得继母出尔反尔，承诺大多没有兑现，不想再相信她。他认为爷爷奶奶爱他，但最近也很烦他们的唠叨。

老师再次找到小峥家长，建议他们必须要达成共识：爷爷奶奶要有原则，在教育方面以小峥父母为主，不能提供"保护伞"。爸爸要与孩子平和地沟通，妈妈要从心理上关心他，一碗水端平，不轻易作承诺，一旦承诺就要做到。小峥一家开了家庭会议，对小峥目前的处境表示理解，但也表明他不再旷课逃学，必须回家住，周一到周五上交手机，周末可以有两小时玩手机时间。同时还为他订立了中考目标。

可惜的是，事情未能按预期进行，小峥仍然没有来上学。直到最后一周，小峥才在家长、老师和同学的劝说下回校参加中考，成绩离重点线只差 10 分。

小峥本性善良，学习能力强，可他太过自我、叛逆偏执、无视规则、对人淡薄，但这都不是突然间产生的，而是分裂式的家庭教育下长期的结果。他内心空虚，自我防卫意识极强，表面咄咄逼人，实则内心自卑，很想证明自己，想在家庭和学校中获取关注，找到存在感。但家长只注意到孩子外在的行为表现，很少真正关心过孩子的内心感受。阿德勒强调，自卑感并不是坏事，它刺激个体产生补偿行为。但是错误的补偿会使个体偏离正常轨道。小峥内心自卑，他通过目无尊长、沉迷手机、旷课逃学来获取优越感。对家庭环境感到不满的小峥，渴望挣脱家庭的束缚，离家出走、敌对父母、拒绝与父母同住都是典型例证。

小峥的父母没有认真反思应该怎么去创造和谐一致的家庭环境，也没有与老师充分合作，欠缺对孩子正确的指导，没有从内心深处关爱自己的孩子，尤其是父亲没有以尊重的态度来平等对待小峥，难以赢得孩子的信任与合作也就不足为奇了。面对小峥这样的孩子，不能单纯从学习与品行角度来评价，要以青少年的视角来看待其处境，通过了解他整体的生活风格，明确其行为背后的原因，然后帮助孩子建立自信心、积极的生活风格、丰富的社会兴趣以及创造性自我，促成其人格和谐统一，并不断超越自卑，追求优越。

（案例来源：成都高新区银都紫藤初中学校　陈渝）

【案例二】父母与网友的"较量"

小雪是一个11岁的小女孩，性格内向，其父母外出打工，很少关注孩子，为了联系方便，给她买了一部手机。但最近小雪向几个关系较好同学炫耀自己认识了一个外地男网友，经常给她转红包，还约好假期见面。

老师立刻联系小雪父母并告知这一情况，分析见网友可能出现的一些危险后果。老师发现，小雪的父母平时很少与孩子沟通，腾不出时间管控孩子使用手机，一问孩子就是查资料要用，但凡再多问一句小雪就开始顶嘴，至于孩子用手机都具体做了什么、是否成瘾，他们一无所知。至于性教育方面的相关知识，父母觉得羞于启齿，不知道怎么讲。小雪的父亲性格比较强势偏执，管孩子时只会使用暴力等高压手段。随着小雪进入青春期，自主性增强，冲突矛盾就更多了。经过老师的帮助，小雪父母开始调整自己的心态，转变对小雪的教育方式。对于手机的使用问题，父母与小雪约法三章，并用平和的语气、协商的态度与孩子交流，一起聊聊管理好手机的意义所在，帮助孩子下定改变的决心，让孩子感受到父母的尊重和关心。此外，父母要以身作则树榜样，不在孩子面前玩手机。

同时，父母也开始营造温馨的家庭环境，即使再忙也抽出时间陪伴孩子。尤其是小雪的爸爸意识到正是因为自己经常不与孩子平等沟通，小雪才会在虚拟的空间里，因为别人的一点关心、几句甜言蜜语就做出带有危险性的决定。于是他学着控制自己暴躁的脾气，不再用武力解决问题，更多参与孩子的教育，有时间就陪孩子活动，慢慢地走近孩子。

小雪经常收取陌生网友的红包，还要去见网友，这反映了孩子的自我保护意识薄弱。妈妈在自己学习了正确的性教育知识后，对小雪进行青春期的性教育和安全知识的指导，告诉她跟其他男性交往的时候要保持距离，千万不能在私密空间独处，更不能发生性关系。此外，在孩子提出疑问时，妈妈还从自己的经验出发，与孩子适当交流一些关于两性关系、爱情与婚姻的问题。

后来，小雪使用手机的频率明显下降，也意识到自己要去见陌生异性网友的举动是多么冲动，小雪与父母之间的关系逐渐融洽起来。

父母的言传身教对孩子价值观的形成有着重要的影响，良好的家庭教育可以帮助孩子建立正确的价值判断标准。遇到问题，父母与其焦虑，不如蹲下来倾听孩子的心声，只有尊重孩子，孩子才会获得安全感。本案例中孩子不听话、叛逆，家长简单、粗暴地加以批评，甚至打骂，结果只会越来越糟。如果家长能耐心倾听孩子"为什么要这样做"，沟通质量将大幅提升，问题会得到有效解决。陪伴是孩子对父母爱的渴求，很多家长的时间都被工作和生活琐事侵占，以为通过满足孩子的物质需求就可以补偿对孩子的亏欠，事实证明是错的。正是"陪伴"的缺乏，使得小雪遇到陌生人略显关心，在无法分辨安全性的情况下，轻易就将自己置于危险的境地，这值得所有家长警醒。

（案例来源：孙吴县第三小学　战巧云）

后　记

　　阅读本质上是与作者进行对话的一场社交游戏。作为个体心理学尤其是阿德勒家庭教育思想的研究者,很荣幸能与大家展开这样一次交谈,我们其实更像是一名这场交谈活动的主持人,将阿尔弗雷德·阿德勒及其他个体心理学学者的家庭教育思想介绍给各位读者,我们期盼能达到抛砖引玉的效果,邀请读者朋友们更加深入地了解阿尔弗雷德·阿德勒和个体心理学思想理论体系。阿尔弗雷德·阿德勒开创了个体心理学的宏大思想理论体系,这一思想理论体系建筑在其长久以来对心理学的研究基础之上。

　　这本书的创作过程是我们人生中的一段重要旅程。在这个过程中,我们对家庭教育展开了深入的研究,不仅扩展了自身的知识储备,也深化了对这一重要话题的理解。

　　就研究者身份而言,在对阿德勒本人和个体心理学研究的过程中,我们从心理学、教育学、社会学等多个学科的研究中汲取营养,查阅和参考了大量的阿德勒本人、国内外研究者对个体心理学思想及与之相关的家庭教育理论的著作和论文,他们的深入研究和重要成果为我们提供了丰富的文献资源和理论支持。通过对文献的梳理和调查数据的分析,不断反思和总结,我们逐渐形成了对家庭教育多方面影响的综合认识,使这本书的内容在贴合国情的同时,也尽可能更加全面、深入地阐释阿德勒家庭教育思想。

就教育者身份而言，阿尔弗雷德·阿德勒的家庭教育思想，如自卑与超越、社会兴趣、创造性自我等理论概念针砭时弊，符合当代中国对于儿童青少年身心健康发展与家庭教育指导的呼唤。

本书撰写过程中受到多方关怀与帮助，在此我们要对家庭教育领域的各位研究者致以崇高的敬意，更要对所有愿意分享个人故事和经验的案例提供者表达诚挚的感谢，他们的真诚分享使得这本书籍能够更加丰富和生动。尤其是感谢"阿德勒家庭教育理论及应用模式研究"这一课题的各个子课题合作单位对这本书的支持，其为这本书所提供的丰富而生动的实际案例、宝贵的实地调研机会和数据支持，为我们的研究提供了重要的基础。在提倡循证研究的当下，我们通过这些典型案例感悟阿德勒家庭教育理论在当代中国家庭教育实践中的重要性与必然性。

《做智慧型父母》是我们酝酿多年，不断努力和研究的成果，希望能够为家长和教育工作者提供一些启发和思考，从而更好地帮助下一代的成长与发展。本书的撰写终于落下帷幕，但是对于阿德勒个体心理学在家庭教育方面的研究与实践道阻且长，我们也希望未来能够继续在教育研究领域深耕，为家庭教育的发展贡献自己的力量。

参考文献

[1][奥]阿尔弗雷德·阿德勒. 儿童的人格教育[M]. 张庆宗,译. 上海:华东师范大学出版社,2017.

[2][奥]阿尔弗雷德·阿德勒. 儿童的人格教育(第3版)[M]. 彭正梅,彭莉莉,译. 上海:上海人民出版社,2014.

[3][奥]阿尔弗雷德·阿德勒. 活出生命的意义[M]. 柴晚锁,吴维中,译. 北京:北京大学出版社,2019.

[4][奥]阿尔弗雷德·阿德勒. 生活的科学[M]. 苏克,周晓琪,译. 北京:北京大学出版社,2019.

[5]郑希付. 现代西方人格心理学史[M]. 开封:河南大学出版社,1991.

[6][奥]阿尔弗雷德·阿德勒. 理解人性[M]. 方红,译. 北京:北京师范大学出版社,2021.

[7]李文奎,王立功. 外国教育名著述评[M]. 济南:山东教育出版社,1989.

[8][苏]B. A. 苏霍姆林斯基. 苏霍姆林斯基选集[M]. 北京:教育科学出版社,2001.

[9][美]本杰明·富兰克林. 富兰克林自传[M]. 蒲隆,译. 南京:译林出版社,2009.

[10]邰峰. 阿德勒人格理论浅评[J]. 探索与争鸣,1987(03):13-15.

[11]刘飞. 阿德勒的创造性自我：研究的时代意义[J]. 科技信息（学术研究），2007（32）：113.

[12]魏小娜，高岚. 试论阿德勒的"创造性自我"理论及其在主体性教育中的意义[J]. 教育导刊，2016（04）：13-16.

[13]郝阳，王立君. 个体心理学的逻辑体系[J]. 科教导刊，2017（30）：165-167.

[14]吴杰. 新个体心理学思想研究[D]. 南京：南京师范大学，2012.